LES NUITS DE L'ÂME

Dr David
GOURION

Pr Henri
LÔO

LES NUITS DE L'ÂME

Guérir de la dépression

Odile
Jacob

15, rue Soufflot, 75005 Paris

www.odilejacob.fr

ISBN : 978-2-7381-1996-4

C'est bien la pire peine
De ne savoir pourquoi
Sans amour et sans haine
Mon cœur a tant de peine.

VERLAINE.

Introduction

Psychiatres dans un service hospitalo-universitaire, nous sommes quotidiennement aux côtés de femmes et d'hommes qui souffrent de dépression. Combattre la maladie, c'est tenter d'apaiser la détresse, le dégoût de soi et les pensées morbides qui peuvent conduire au suicide. Dans cette lutte acharnée contre la dépression, les progrès de la médecine et des psychothérapies permettent désormais d'agir et de guérir plus efficacement.

Cet ouvrage propose une approche résolument nouvelle et pragmatique de la dépression. Il tente de rendre compte de l'explosion des connaissances sur le cerveau et de montrer comment les différents champs des sciences médicales, biologiques, psychologiques et sociologiques sont actuellement en train de converger. Dans le sillage de cette fabuleuse intégration des savoirs sur l'esprit, nous proposons ici un modèle de compréhension globale de la maladie et une présentation des différents outils thérapeutiques efficaces. C'est aussi un peu de notre expérience et de notre passion pour la médecine que nous voulons vous faire partager à travers ce livre.

Convergences

Plus de 15 % des Français ont été, sont ou seront déprimés au cours de leur vie. Désespoir et douleur morale, fatigue éreintante, douleurs physiques, impulsions suicidaires : la dépression est un fardeau considérable non seulement pour l'individu qui en souffre et pour ses proches, mais également pour la société tout entière.

Il est donc légitime de s'interroger sur les causes de ce mal étrange et si répandu. Dans l'Antiquité, Hippocrate, Arétée de Cappadoce et d'autres Anciens diagnostiquaient déjà la mélancolie et s'interrogeaient sur ses mécanismes : comment la « bile noire », par exemple, infiltre les méandres les plus secrets de l'esprit… Récemment encore, notre compréhension de la dépression demeurait vague, approximative. Mais une révolution dans le domaine des sciences du cerveau est survenue : celle de la convergence inédite des différents champs cliniques, cognitifs, neurobiologiques, pharmacologiques et psychosociaux. Pourtant, les concepts et les modèles des sociologues, des psychologues et des généticiens sont à l'origine extrêmement différents. Ce bouleversement, nous le devons à l'intégration et au décloisonnement de ces différentes disciplines qui, désormais, interagissent étroitement et s'entremêlent, fécondant un formidable enrichissement mutuel.

L'aboutissement de cette convergence, fruit de l'union longtemps défendue des sciences humaines et biologiques, autorise une incursion lointaine dans les territoires inconnus de la psyché. Nous sommes parvenus à ce moment précis de l'histoire des connaissances où se croisent et se complètent des approches très variées. Le processus d'embrasement est tout juste enclenché : en l'espace de cinq ans, nous sommes entrés de plain-pied dans l'ère du génome et du protéome ; les mécanismes de la mémoire et des émotions commencent à révéler certains de leurs secrets les plus intimes… Ces progrès considérables permettent d'ores et déjà de mieux comprendre les causes de la dépression, longtemps stigmatisée comme une faiblesse ou une paresse de l'âme.

La quête du Graal

Ni la force morale ni la volonté ou le courage ne mettent à l'abri de la dépression. Churchill souffrait de sévères dépressions et, à l'évidence, il ne manquait d'aucune de ces qualités ! Certains semblent protégés et ne sombrent pas dans la maladie même après de profondes blessures de vie : pourquoi ? Quelles sont les causes profondes de cette maladie et les trajectoires de vulnérabilité qui y mènent ? Est-il possible de prévenir ce trouble avant même qu'il ne débute ?

Cette quête du Graal qui pousse à la recherche des causes de la dépression entraîne sur de nombreuses pistes : difficultés affectives, aléas professionnels, mode de vie occidental, morosité socio-économique, alimentation déséquilibrée… Cette profusion d'explications sociologiques, culturelles ou biologiques ne doit pas faire oublier que la dépression est une maladie, une souffrance profonde et sourde, dont la plus redoutable complication est le suicide.

Quelles sont donc les origines profondes de ce mal étrange et destructeur ? L'épais mystère commence juste à se dissiper. De nouvelles découvertes nous apprennent comment se concoctent, dans de minuscules chaudrons cellulaires, les alchimies secrètes de notre pensée et de nos émotions. L'âme et la chair ne sont plus séparées : après des siècles de dualisme cartésien, les voilà enfin réunifiées. Dans le même temps, l'affirmation arbitraire de la supériorité de l'inné sur l'acquis semble prendre fin : ils interagissent étroitement tout au long de la vie. Spinoza ne disait-il pas : « Nous sommes tout à la fois corps et esprit » ?

Ces avancées forcent donc à élaborer une nouvelle conceptualisation de la dépression, de ses mécanismes, de ses traitements. Hier encore, dans les congrès internationaux de psychiatrie, certains biologistes, défendant le « tout génétique », déchaînaient les foudres légitimes des psychologues. Aujourd'hui, les uns et les autres collaborent sur des modèles intégrés biopsychologiques. Il ne s'agit plus de décoder l'ADN à la recherche d'un éventuel déterminisme génétique, mais d'appréhender l'immense champ des interactions possibles entre l'environnement et le patrimoine génétique. Colossal travail que celui de démêler l'écheveau tissé entre la biologie de l'esprit et la psychologie de l'âme, mais le fruit de ce patient décryptage permet déjà d'accéder à la subtile symphonie de la rencontre entre événements de vie et intimité neuronale.

Une argile plus solide que le marbre

Dans le même temps, des biologistes viennent de montrer que le patrimoine génétique n'est pas une tablette de granit sur laquelle serait gravé notre destin avant notre naissance. L'ADN contenu au cœur de nos cellules est une terre glaise remodelée sous l'empreinte des expériences de vie. Chez le mammifère, le comportement maternel précoce modifie à très long terme l'expression de gènes de la réactivité au stress chez son bébé…

Ailleurs, d'autres chercheurs ont établi que les cellules cérébrales sont plastiques et dynamiques : elles continuent de se renouveler tout au long de la vie notamment dans l'hippocampe. Ce petit croissant de cerveau replié à l'intérieur des lobes temporaux permet de conserver l'empreinte mnésique à long terme *via* de longues boucles d'informations. Certaines des cellules de cette structure capturent les émotions et mémorisent de l'information visuelle en modifiant leur positionnement à la façon de panneaux solaires. Or, justement, au cours d'une dépression, les hippocampes semblent se replier sur eux-mêmes pour retrouver leur taille initiale après la guérison. Lorsque les épisodes de la maladie se succèdent, les hippocampes perdent de cette plasticité : la maladie laisse alors de profondes cicatrices affectives et neuronales. Cette étrange plasticité cérébrale permet d'entrevoir de formidables perspectives thérapeutiques.

Empêcher le retour des ombres

Souvent, la première dépression survient chez le jeune, à l'adolescence ou parfois même durant l'enfance. Mal soignée, cette première blessure d'âme constitue une brèche qui fragilise toute la structure de l'édifice psychoaffectif et facilite le retour des ombres.

De fait, la dépression est une maladie dont les épisodes tendent à se répéter au cours de la vie. Chaque nouvelle dépression est comme un coup de boutoir. La vulnérabilité aux facteurs de stress psychologique augmente alors progressivement.

Guérir à long terme requiert la mise en place de stratégies capables de prévenir la rechute en combinant efficacement les outils psychothérapiques et biologiques.

De nombreux efforts sont encore nécessaires pour mieux circonscrire la maladie. L'enjeu considérable de demain, c'est celui du dépistage et de la prévention avant même l'entrée dans la dépression, démarche qui nécessitera une connaissance plus précise des facteurs de vulnérabilité et de résilience.

Éthique de la guérison

Ces progrès de la médecine doivent bénéficier à tous ceux dont la maladie dépressive est une souffrance et une entrave à la qualité de leur vie affective, sociale et professionnelle. La crainte d'une médicalisation excessive de la souffrance psychique est répandue et légitime. Elle ne doit pas masquer le fait que la dépression est une maladie toujours douloureuse, parfois mortelle.

Cette éthique de la guérison requiert le partage d'une bonne connaissance de l'« ennemi intérieur », de ses manifestations visibles ou cachées aux différents âges de la vie, comme de son impact sur les performances intellectuelles, professionnelles ou scolaires. Elle implique de délivrer une information claire et une comparaison sincère des différents moyens thérapeutiques, aussi bien dans le champ des psychothérapies que dans celui des médicaments. Elle conduit par exemple à comparer l'efficacité de substances réputées « antidépressives » et à savoir détecter celles qui ne sont que des gadgets commerciaux, mais aussi à déterminer les moyens psychothérapiques adaptés à chaque situation précise.

Bien au-delà des polémiques sur l'augmentation de la consommation de psychotropes, cette réflexion doit prendre en compte l'évolution de notre système de soins, ses limites, ses qualités et ses valeurs. Comment maintenir durablement ce système à un niveau d'excellence pour tous ? Comment réduire le coût humain, social et professionnel de la dépression ? Comment diminuer significativement le nombre de suicides ?

Surtout, cette éthique milite pour une déstigmatisation de la dépression, afin qu'elle ne soit plus jamais perçue comme un échec personnel, mais comme une vraie maladie qui se soigne et se guérit. Si la dépression est l'un des troubles les plus difficiles à comprendre, c'est sans doute que « l'essentiel est invisible pour les yeux ».

Réaliser tout cela ne doit servir qu'à maintenir l'essentiel au centre : l'humain, sa souffrance et, en paraphrasant Sartre, son « universelle singularité ».

CHAPITRE PREMIER

La dépression est-elle une maladie ?

Aujourd'hui encore, il faut lutter contre les préjugés et les clichés : la dépression n'est pas synonyme de manque de volonté, de faiblesse morale ou de malaise existentiel... La dépression est une maladie aussi tangible que le diabète ou l'asthme : avec près de 11 000 suicides par an en France, la dépression tue plus que la pneumonie ! Comprendre, accepter, intégrer la dépression comme une vraie maladie est une première étape indispensable vers la guérison.
Pour le déprimé, demander de l'aide est rarement facile ou spontané : il lui faut surmonter les sentiments de honte et de culpabilité engendrés par la maladie. Ces femmes et ces hommes souffrent terriblement des préjugés négatifs entretenus sur la maladie psychique et ses traitements.
Dépasser cela, c'est faire le premier pas vers l'action et la guérison. Et comme souvent, le premier pas est le plus difficile !

Itinéraire d'une déprimée : l'histoire de Sophie

Sophie est une jeune femme élégante de 33 ans. C'est son mari qui a tenu à ce qu'elle vienne consulter et qui l'a accompagnée jusqu'à la porte du bureau. Avant de retourner en salle d'attente, il lui demande de me parler de la chambre d'hôtel.

Sophie se met à pleurer et se prend la tête entre les mains. Avec le plus de douceur possible, je lui demande si elle veut bien me dire ce qui la rend si malheureuse. Pour la première fois, elle me regarde : « Je vais d'abord vous parler de l'hôtel… » Son visage blême, ses traits défaits et ses gestes ralentis donnent le sentiment que tout son être ploie sous la souffrance.

Elle explique qu'elle avait réservé une chambre d'hôtel, pour elle toute seule, dans un établissement situé à une dizaine de kilomètres de sa maison. La baby-sitter devait venir tôt cet après-midi-là. Avant de partir, la jeune femme avait rassemblé quelques photos de ses enfants. Son sac à main était rempli de médicaments. Sophie ajoute que, si sa sœur ne lui avait pas téléphoné par hasard sur son portable, elle aurait commis l'irréparable.

Comment comprendre la souffrance bouleversante de cette femme ? Quel est ce mal qui l'a poussée à vouloir tout abandonner ? Est-ce un moment de spleen existentiel, une désespérance passagère, ou une vraie maladie ? Surtout, Sophie peut-elle guérir ?

Maladie ou problème de société ?

Dans le vocabulaire, la dépression est tour à tour économique, météorologique, physique, géographique et anatomique… La dépression médicale est confondue avec la déprime[1], terme banal et commode pour désigner un moment difficile. Or la dépression – diagnostic clinique aussi précis que celui de pneumonie – n'est justement pas un vague malaise. C'est une maladie à l'abri de laquelle personne ne se tient.

Coup de blues ou vraie maladie ?

Le risque, en confondant déprime et dépression, c'est de considérer cette dernière comme un simple état d'esprit, une défaillance morale, un manque de réactivité ou de dynamisme : un peu de « courage », un peu de « volonté », un peu de « force d'âme » en seraient les seuls véritables traitements. Cette interprétation fallacieuse laisse penser que chacun est libre de ne pas se laisser aller, peut choisir d'être déprimé ou non et décider de s'y complaire. Finalement ne seraient concernés par la dépression que les « faibles », les « paresseux » et les victimes consentantes de la maladie.

Une telle méprise est humiliante pour les déprimés, qu'elle renforce dans leur sentiment d'incapacité, d'inutilité et de honte ou dans leur dégoût de soi. Qui se permettrait de dire d'une personne atteinte de cancer, de diabète ou de toute autre maladie physique qu'elle ne doit sa maladie qu'à son manque de courage ou de volonté ?

Une maladie polémique

« Pays de Cocagne peuplé de 63 millions de déprimés, la France cumule le privilège d'être la nation la plus visitée au monde en raison de sa beauté et l'une des plus grandes consommatrices de psychotropes et de tranquillisants[2] », écrit Pascal Bruckner. À la confusion qui entoure la dépression s'ajoute la polémique idéologique. Cette maladie la suscite d'autant plus qu'elle est au cœur de vastes débats de société : pérennité du système de soins, taux de suicide, consommation

Un déprimé sur deux ignore ce dont il souffre

En France, plus d'une personne déprimée sur deux n'est pas soignée. La douleur psychique demeure largement secrète, incomprise, méconnue. Dans notre société, le fait de contacter son médecin pour une douleur physique est un acte normal, banal, acceptable par tous. Mais on ne consulte pas aussi aisément pour une souffrance psychique : il est plus facile de prendre conscience du caractère pathologique d'une fracture ou d'une fièvre que de troubles des émotions et de la pensée…

Nombreux sont donc ceux qui subissent ce mal-être intérieur insupportable, sans savoir que cette fatigue constante, cette chute des performances intellectuelles et cette désespérance sont les manifestations cliniques d'un trouble qui se soigne et se guérit. En l'absence d'un traitement efficace, la situation risque de s'aggraver inéluctablement : tensions familiales, échecs professionnels, recours excessif à l'alcool ou aux sédatifs, velléités suicidaires…

Mais, pour recevoir une aide appropriée, il faut non seulement être en mesure de la demander mais également savoir à qui la demander. En outre, accepter un diagnostic qui renvoie au sentiment d'une *vulnérabilité* profonde ainsi qu'à la question oppressante de son *intégrité psychique* nécessite courage et capacité de remise en question. Écueil supplémentaire : la dépression est une maladie mal comprise du grand public et facilement stigmatisée. Ne pas demeurer seul avec sa souffrance, voila l'enjeu véritable !

de psychotropes, ou encore absence de réglementation des psychothérapies.

À ces débats s'ajoute la multiplication de théories sur les mécanismes de la dépression. Tempête moléculaire cérébrale ? Bouleversements existentiels ? Traumatisme psychique infantile ? Déclin d'une société postindustrielle en crise ? Désagrégation des valeurs traditionnelles familiales ? Alimentation pauvre en oméga-3 ? Mais où se cache donc la dépression ?

LE SYMPTÔME D'UNE SOCIÉTÉ QUI VA MAL ?

Pour certains, l'augmentation de la fréquence de la dépression serait l'expression d'un malaise socioculturel profond. La maladie témoignerait du caractère délétère du mode de vie occidental moderne. « Fatigue d'être soi », la dépression tiendrait d'une difficulté à s'adapter aux profondes mutations économiques et politiques qui caractérisent notre époque.

Cette causalité sociale nous semble réductrice et simpliste. Les contraintes de notre société moderne sont réelles, mais ne doit-on pas les mettre en balance avec les bénéfices qu'elle procure ? Les progrès des libertés individuelles et sociales et le fleurissement des sciences n'améliorent-ils pas les conditions de vie du plus grand nombre ? Les indicateurs de santé et la longévité ne sont-ils pas en constante amélioration ? D'ailleurs, contrairement à l'idée reçue, la vie au soleil du sud ne protège pas : on souffre d'ailleurs tout autant de dépression dans les pays en voie de développement. Si la consommation d'antidépresseurs y est très faible, c'est qu'il y a très peu de moyens et de médecins là-bas.

La fréquence de la dépression augmente probablement pour des raisons bien plus complexes : non seulement on la diagnostique mieux et plus précocement qu'il y a trente ans, mais le vieillissement de la population en augmente constamment la prévalence. En outre, l'augmentation des problèmes d'abus d'alcool et de cannabis chez les adolescents joue un rôle crucial.

Polémique, confusion, raccourcis hasardeux… Qui croire ? La crainte légitime d'une psychiatrisation inopinée de la souffrance psychique domine souvent. Que faire ? Toutes ces questions font douter au point que certains interrogent jusqu'à la réalité même du diagnostic. Ils considèrent la dépression comme une émotion – la tristesse – et non comme une maladie. Bien entendu, ces interrogations raisonnent dans l'esprit de ceux qui souffrent de dépression : « Je vais mal, c'est de ma faute : à moi de m'en sortir seul. » Tout est dit dans ce qui ressemble à une pénitence.

Triste ou déprimé ?

Tu sais... quand on est tellement triste, on aime les couchers de soleil...

Antoine DE SAINT-EXUPÉRY.

La tristesse est une émotion normale, tandis que la dépression est une maladie. Comment faire la différence ? Pour mieux comprendre, revenons aux origines de cette émotion.

COMMENT AVONS-NOUS HÉRITÉ LA TRISTESSE ?

Il existe de nombreux récits véridiques rapportant des cas d'enfants élevés par des animaux sauvages (des loups, des ours ou d'autres animaux hostiles). Ce type d'histoire a notamment été rendu célèbre par le film de François Truffaut, *L'Enfant sauvage* (1969) et par l'œuvre de Rudyard Kipling, *Le Livre de la jungle*, qui a inspiré le dessin animé de Walt Disney. Qu'est-ce qui peut donc pousser une louve qui vient de découvrir un bébé abandonné à le recueillir, à le protéger, à lui donner son lait et surtout... à ne pas le dévorer ? Les animaux ressentent-ils de la tristesse, de l'empathie ? Une bête pourrait-elle percevoir quelque chose du désarroi d'un enfant ?

Compassion, culpabilité, perception du bien et du mal, honte, indignation, révolte sont des émotions humaines, mais le cerveau des émotions – le système limbique – de l'homme est relativement proche de celui du loup, du singe, de la souris...

Est-ce à croire que les animaux peuvent ressentir une gamme d'émotions primaires : tristesse, colère, peur, joie ?

La survie de l'espèce humaine a fortement dépendu de la capacité à éprouver de la tristesse. À l'époque préhistorique, par exemple, on aurait eu grand besoin d'orphelinats. Les parents avaient la fâcheuse tendance de ne pas toujours rentrer du « travail ». En revenant de la chasse, une tribu cannibale pouvait les avoir accueillis à bras ouverts : le bonheur des uns fait parfois le malheur des autres… Le petit orphelin affamé dans son coin de caverne devait donc hurler haut et fort s'il voulait attirer l'attention. Une voisine de caverne, occupée par ses propres enfants, lui jetait des regards sans doute peu amènes. Il lui fallait alors manifester toute la tristesse et le désespoir du monde pour obtenir quelques gorgées de lait. S'il voulait aussi une tendre séance d'épouillage, inutile de préciser qu'il devait déverser de véritables torrents lacrymaux ! Sur le plan phylogénétique, nos lointains ancêtres nous ont donc probablement transmis la capacité à éprouver la tristesse, gage de la survie de l'espèce ; mais ce lourd héritage peut devenir fardeau de l'existence.

À QUOI SERT LA TRISTESSE ?

Depuis des siècles, la tristesse fascine l'Occident. Qu'on pense au « spleen », aux « sanglots longs des violons de l'automne » et à toutes les autres évocations artistiques, philosophiques et théologiques de cet état de l'âme. Pourquoi éprouvons-nous la tristesse et que serait un monde sans tristesse ? Le paradis ? Rien n'est moins sûr… La tristesse est certes une émotion négative, mais elle nous est indispensable car elle nous connecte au monde, elle rend possible le face à l'autre, elle est le mortier de toute vraie relation : « Je suis triste si tu n'es pas la : donc il faut que tu sois là ! »

La tristesse est une émotion universelle. Le succès du *Petit Prince* en est un témoignage : cette histoire métaphorique d'un petit garçon seul, triste et grave continue de toucher des millions de lecteurs à travers le monde. C'est la tristesse qui lui permet de découvrir que sa rose est unique au monde. C'est aussi la tristesse qui le pousse à apprivoiser le Renard.

La tristesse nous maintient donc en contact avec la réalité du monde, sa diversité, sa richesse mais aussi sa dureté. Sans tristesse, pas de deuil, pas d'amour. Elle donne envie de prendre dans les bras et de consoler. C'est justement parce que le Petit Prince est triste qu'il est humain et qu'il charme.

Souvent associée à la beauté, c'est encore la tristesse qui bouleverse à la vue d'un coucher de soleil. Qu'on songe aussi à l'émotion révélée par la pietà ou par les représentations picturales et sculpturales des *mater dolorosa*.

Mais, comme en tout, l'excès nuit. La tristesse normale, modulée, subtile, sculptée par les événements de la vie, peut se faire envahissante, douloureuse, permanente. La tristesse dépressive ne connecte plus au monde ; au contraire, elle isole. Elle n'engendre plus générosité ou sensibilité, mais désespoir, amertume et repli sur soi.

Quand la tristesse devient maladie

La théorie des humeurs, largement diffusée par Hippocrate puis par Galien, fut l'une des bases fondamentales de la médecine antique. La santé y dépendait de l'équilibre subtil des quatre humeurs du corps (le sang, la lymphe, la bile jaune et la bile noire ou atrabile), qui étaient en correspondance avec les quatre éléments de l'Univers (le feu, l'air, la terre et l'eau) et dotées chacune d'une qualité physique propre : chaud, sec, froid et humide. Leur déséquilibre ou leur prédominance déterminaient chez l'homme les quatre tempéraments fondamentaux : le bilieux (chaud et sec), l'atrabilaire (froid et sec), le flegmatique (froid et humide) et le sanguin (chaud et humide).

L'équilibre subtil des humeurs

« Le corps de l'homme, écrit Hippocrate, a en lui sang, pituite, biles jaune et noire ; c'est là ce qui en constitue la nature et ce qui y crée la maladie et la santé. Il y a essentiellement santé quand ces principes sont dans un juste rapport de force et de quantité, et que le mélange en est parfait ; il y a maladie quand un de ces principes est soit en défaut soit en excès, ou, s'isolant dans le corps, n'est pas combiné avec tout le reste[3]. »

Humeur	Élément	Saison	Organe	Tempérament
Sang	Air	Printemps	Cœur	Sanguin
Bile noire	Terre	Été	Rate	Mélancolique
Bile jaune	Feu	Automne	Foie	Cholérique
Phlegme	Eau	Hiver	Cerveau	Phlegmatique

Pour les Anciens, le défaut ou l'excès de ces *humeurs* était donc à l'origine des différentes maladies du corps et de l'esprit. Ces conceptions prêtent aujourd'hui à sourire et la saignée a fait long feu, mais les médecins utilisent encore couramment le terme générique de « troubles de l'humeur » pour désigner les maladies dépressives. Du reste, même si leurs fondements théoriques étaient faux, Hippocrate et Galien étaient des cliniciens d'exception : ils avaient pressenti l'existence d'un continuum entre normal et pathologique et avaient ébauché tout un pan de la psychologie dimensionnelle moderne.

Si l'on situe aujourd'hui le centre des émotions dans le cerveau, on les a longtemps logées ailleurs : dans le cœur bien sûr, mais aussi dans la rate (*spleen* en anglais) et plus bizarrement dans… ce thymus ! Les médecins de l'Antiquité pensaient que le thymus – petite glande située dans le cou – était à l'origine des émotions. De fait, l'adjectif « thymique » est demeuré très présent dans le jargon des psychiatres.

Cette notion de déséquilibre thymique (ou de l'humeur), pressentie par les Anciens, est aujourd'hui revisitée par les neurobiologistes de l'âme. Les circuits cérébraux de la tristesse et de la dépression ont des carrefours communs, mais la tristesse du déprimé est particulière : envahissante, permanente et paralysante, elle s'accompagne d'un insupportable cortège de maux du corps et de l'esprit.

Tristesse normale, tristesse dépressive

Caractéristiques	Tristesse normale	Tristesse dépressive
Intensité et réactivité face aux événements de vie	L'intensité de la tristesse dépend de multiples paramètres : type d'événement vécu, sensibilité individuelle, capacités à éprouver la tristesse, support affectif et social, etc. L'intensité de la tristesse est *modulée* en fonction des événements de vie tristes ou heureux. Elle peut être intense mais demeure globalement adaptée aux circonstances de la vie.	L'intensité de la souffrance est extrêmement élevée. La tristesse pathologique réagit peu face aux événements du quotidien : tout rend triste, même le bonheur des autres ou les événements heureux. Il apparaît un *décalage*, une inadéquation de l'intensité de la tristesse face à la réalité : dans la dépression, le sujet ressent une tristesse plus profonde et intense que celle qu'il avait préalablement expérimentée dans des conditions de vie similaires.

Caractéristiques	Tristesse normale	Tristesse dépressive
Durée	Nous expérimentons tous à un moment ou à un autre de notre journée des moments de tristesse. Ces moments sont plus ou moins *fugaces*, plus ou moins durables : il y a de petits et de gros chagrins.	Lorsque la tristesse se fait insidieusement présente en toile de fond, à chaque moment de la journée, quelle que soit la tonalité des événements que nous vivons, elle devient pathologique. La *permanence* de la tristesse – en dehors de moments de crises spécifiques de la vie tels les deuils – est un des critères de la dépression.
Niveau de souffrance	La souffrance fait partie de la vie, tout comme le bonheur. Il ne s'agit pas de « médicaliser » la souffrance. Pour le médecin, ce qui différencie la souffrance « existentielle » de la souffrance pathologique est l'*impact* de cette souffrance sur le fonctionnement quotidien du patient (capacité à vivre, à travailler…)	Un état de tristesse prégnant, envahissant, durable peut engendrer une véritable souffrance psychique : la *douleur morale.* Chez certains sujets déprimés, le niveau de *handicap* entraîné par la douleur morale est comparable à celui d'une maladie physique grave : alitement, arrêt de travail prolongé, interruption de toutes les activités de loisir… La tristesse dépressive est également l'un des déterminants du risque suicidaire.
Symptômes associés	Aucun	Fatigue, perte des envies, troubles du sommeil, difficultés de concentration, perte de la libido, douleurs corporelles et idées noires.

De la tristesse dépressive au désespoir absolu...
L'homme entre dans le bureau accompagné de sa femme. L'atmosphère est d'emblée pesante. Il s'assoit lentement sur son siège, se prend la tête entre les mains. Des plis profonds barrent son front. Son visage, d'une pâleur inquiétante, semble figé comme dans la cire. Ses traits sont tirés. Ses gestes, sa parole, sont d'une lenteur exaspérante. Il ne dit rien, mais tout dans son attitude signifie : « Je souffre ! »
Ce patient fuguera quelques jours après son admission à l'hôpital. Il tentera de se jeter sous les roues d'un bus.
Quelques semaines plus tard, beaucoup mieux, il racontera : « Je me disais : "Tout plutôt que continuer comme ça." Je souffrais tellement que la mort me semblait la seule solution pour un soulagement immédiat. Mais ce chauffeur de bus a eu de bons réflexes ! »

Peurs, mythes et idées fausses

Autrefois, les croyances traditionnelles attribuaient l'origine des maladies de l'esprit à des êtres surnaturels invisibles (démons, djinns), à des pratiques magiques (mauvais œil) ou à l'œuvre de Satan. D'où, au Moyen Âge, les nombreux procès en sorcellerie intentés à des patients.

La dépression : un mal « satanique »

L'origine démoniaque des maladies mentales est largement admise au Moyen Âge. Illustre et courageux pionnier de la psychiatrie, Jean Wier (1515-1588) note dans *Des illusions et des impostures des diables* : « La cause première des tourments des ensorcelées et démoniaques est la mélancolie, la tristesse, la frustration ou toute autre forme d'émotions vives. » Tout en contestant l'origine diabolique de la dépression, il dénonce l'injustice des supplices infligés aux malheureux. Rapidement considéré comme « l'ami des sorciers », il déchaîne la haine du clergé et doit se réfugier sous la protection du seigneur de Clèves.

Si les temps ont changé, la dépression demeure nimbée d'un halo de mystère et il reste des progrès à faire dans la lutte contre la stigmatisation des troubles psychiques.

LA PARESSE DE L'ÂME : UN PÉCHÉ CAPITAL…

Au Moyen Âge, les moines qui souffraient de dépression étaient sévèrement jugés. Sentiment d'ennui, langueur morale, tristesse oisive, dégoût spirituel, torpeur : on nommait autrefois cet état l'*acédie*.

L'acédie, faiblesse morale ou dépression ?

« Bien que cet abattement, même grave, puisse être ressenti sans aucune faute […] », remarque saint Augustin ; « L'âme désolée est envahie de ténèbres, attirée vers ce qui est bas et terrestre, poussée à perdre confiance, à être sans espérance, sans amour », complète Ignace de Loyola. La cause première de l'acédie ? « Parce que nous sommes tièdes, paresseux ou négligents dans nos exercices spirituels. » L'acédie était donc considérée comme la conséquence d'une profonde faiblesse d'âme. Dans cette conception morale, ce « péché capital de paresse » devait être sévèrement puni.

La dépression n'est pas une paresse de l'âme et refuser d'admettre qu'il s'agit d'une maladie est une offense à la souffrance des patients. Souvent masquée derrière des concepts sociologiques modernes, cette dénégation de la réalité de la dépression, si fréquente aujourd'hui, n'est-elle pas le reliquat de la vision morale qui prévalait au Moyen Âge ? Si la dépression n'est pas une maladie, qu'est-ce donc sinon une paresse, un « manque de caractère », une faiblesse de l'âme ? Cette vision culpabilisatrice de la maladie est inacceptable ! Si la dépression est plus difficile à comprendre que d'autres maladies, c'est qu'elle ne se voit pas : dans le domaine de la souffrance psychique, l'essentiel est *invisible pour les yeux*.

Les patients déprimés ne sont pas paresseux ; au contraire, ils souffrent de leur état et aimeraient retrouver vite leur dynamisme. L'objectif principal de la guérison est justement de restaurer l'envie, le plaisir et l'énergie vitale.

Le manque de volonté

« Quand on veut, on peut ! » Cette assertion typique de la « méthode Coué » peut faire terriblement mal, surtout quand on ne peut pas ! Or ne pas pouvoir est une caractéristique de la dépression, c'est même son symptôme central. Marteler au déprimé « secoue-toi » revient à lui donner un ordre paradoxal et culpabilisant, comme d'exiger d'un paralytique qu'il marche !

Ce regard réactive le supplice de la maladie. Le malaise et le sentiment d'échec grandissent avec l'idée qu'il existe une certaine dose de mauvaise foi, de faiblesse, en un mot de laxisme dans la façon dont l'individu gère sa vie.

Sophie, ou la honte d'être malade

« J'ai pourtant tout pour être heureuse… » C'est la conclusion navrante que semble tirer Sophie de son état. « De beaux enfants, un gentil mari, un métier épanouissant… Alors que des gens meurent de faim dans le monde, moi je me complais dans ma tristesse. Je pleure encore, excusez-moi, docteur, vous devez me trouver ridicule… » Cette femme au visage douloureux, envahie par la culpabilité, ajoute : « Si vous saviez comme j'ai honte d'imposer ça à mon entourage… Je suis devenue un tel poids pour eux ! »
Malgré sa pudeur, elle accepte progressivement de révéler ses autres symptômes : fatigue intense, nuits blanches, envies de suicide, amaigrissement inquiétant… Et surtout l'humiliation brûlante quand son mari lui a doucement suggéré : « Chérie, mais fais donc un effort, voyons ! »

N'est-on pas au seuil du péché capital de paresse ? Or aider un proche déprimé, c'est lui faire comprendre qu'il n'est pas responsable de son état, qu'il n'a pas « choisi » d'être malade et qu'il existe des solutions efficaces pour guérir.

PSYCHIATRES ET PSYCHOTROPES : GUÉRISON OU PUNITION ?

« Le psy, c'est pour les fous ; leurs médicaments vous rendent zombie ! » La peur du psychiatre et des psychotropes est un autre obstacle puissant à l'acceptation d'une aide efficace.

Le cliché de la psychiatrie carcérale

Le cinéma a largement contribué à véhiculer des stéréotypes terrifiants sur les troubles psychologiques et leurs traitements. *Vol au-dessus d'un nid de coucou*, le roman de Ken Kesey (1962) a été porté à l'écran en 1975 par Milos Forman. Dans un asile psychiatrique « ordinaire », une infirmière en chef tyrannise les patients qui doivent se soumettre à des doses massives de neuroleptiques, tandis que les plus réfractaires sont lobotomisés. Le héros, magistralement interprété par Jack Nicholson, introduit rébellion et liberté dans cet univers opprimant. Ce film, récompensé par cinq oscars, condense parfaitement cette vision déformée d'une psychiatrie déshumanisée, carcérale et punitive.

L'information et le nouveau regard porté par les médias sur la dépression ont permis une certaine évolution des mentalités, mais on ne révèle toujours pas une dépression aussi facilement qu'une sciatique à son entourage professionnel ou familial : c'est bien la preuve que cette maladie continue de faire peur.

Le piège du déni

« Ce n'est rien, ça va passer tout seul… » Nier la réalité d'une dépression revient à masquer une plaie profonde sous un léger voile de gaze. La pudeur, la fierté et la peur de l'« auto-apitoiement » sont la texture de ce voile. La rationalisation (« C'est parce que j'ai "une alimentation déséquilibrée", "mal dormi", "un collègue malveillant" ») et la banalisation (« beaucoup *souffrent plus* que moi ! ») alimentent fréquemment ce déni de la maladie.

Un « petit passage à vide »

Monsieur H., 47 ans, grand reporter, souffre depuis des mois d'une dépression qu'il refuse d'accepter, bien qu'il en décrive parfaitement les symptômes : perte de concentration et de motivation, sentiment d'épuisement permanent, réveils nocturnes multiples, envie de mourir, amaigrissement de dix kilos. Il constate amèrement que ses collègues ont remarqué son état. Leurs commentaires en témoignent : « Tu as le visage hagard… », « Tu es absent… », « En ce moment, on ne peut plus compter sur toi… » Il se dit désormais incapable de soulager ses crises d'angoisse autrement que dans l'alcool. Lorsque l'hypothèse d'un état dépressif est évoquée, il se raidit, son visage se ferme : « Vous ne pensez quand même pas sérieusement que je suis tombé si bas que ça ? Les psys, je n'y crois pas et de toute façon, avec l'énorme masse de travail que je viens d'avoir, il est normal que j'aie un petit passage à vide… »

Ces stratégies de « masquage » de la dépression sont nombreuses et leurs effets insidieux entravent la prise en charge et la guérison de la maladie. Ces fausses réassurances sont parfois utilisées par les proches, eux aussi en plein désarroi : combien de jeunes déprimés sont pour leurs parents « en pleine crise d'adolescence » ?

Faire face

La dépression n'est pas un échec personnel

La dépression n'est donc pas un vague à l'âme existentiel, pas plus qu'elle n'est synonyme d'incurabilité, de folie ou d'inadaptation. C'est une maladie, avec ses symptômes et ses traitements : accepter cette réalité permet de chercher de l'aide et de trouver des solutions efficaces.

> **Le message de l'OMS[4]**
>
> « La maladie mentale n'est pas un échec personnel. Elle n'est pas non plus une chose qui n'arrive qu'aux autres.
>
> « Rares sont les familles qui ne sont pas touchées par des troubles mentaux. Une personne sur quatre sera atteinte d'un trouble mental à un moment de son existence. […] Nous savons que les troubles mentaux résultent de nombreux facteurs et ont une origine physique dans le cerveau. Nous savons aussi qu'ils n'épargnent personne, nulle part. Et nous savons enfin qu'ils peuvent le plus souvent être soignés efficacement. Malheureusement, tant les gouvernements que la communauté de la santé publique ont fait preuve de négligence. En tant que principale organisation de santé publique dans le monde, l'OMS n'a pas le choix : il lui appartient de veiller à ce que notre génération soit la dernière à laisser la honte et la stigmatisation prendre le pas sur la science et la raison. »

Du devoir d'ingérence

Qui sauve une vie, sauve un monde.

Le Talmud.

La dépression peut tuer : elle est la toute première cause de suicide. Aider un parent, un enfant, un proche en situation de grande souffrance est possible et il existe des façons respectueuses et simples d'aborder cette question. Soyez direct : « J'ai le sentiment que tu ne vas pas bien ces derniers temps. Je te trouve fatigué, triste, distant [...] et je voudrais t'aider à trouver des solutions. Je tiens vraiment à ce que tu acceptes mon aide. » Cette écoute empathique doit déboucher sur une aide concrète qu'il faut savoir solliciter avec le proche déprimé (médecin traitant, psychiatre, urgences, SOS psychiatrie en fonction de la situation). Parfois, la gravité de la dépression est telle qu'elle rend le dialogue impossible ; devant l'imminence du danger, il faut faire immédiatement appel aux secours (par exemple en téléphonant au 15 ou au 18). Il y a donc un véritable *devoir d'ingérence* de la part des proches !

Le risque suicidaire : posez la question !

« Es-tu mal au point d'avoir des idées noires ou même de penser à la mort ? » Force est de constater que les proches hésitent souvent à poser cette question : la peur viscérale d'un geste suicidaire définitif et le sentiment de culpabilité sont des freins puissants au dialogue. De nombreux patients déprimés suicidaires ont l'impression d'être seuls aux prises avec leurs difficultés et se sentent profondément incompris. Donc, aborder cette question de façon simple et directe contribue plus souvent à soulager leur souffrance qu'à l'aggraver.

Pour se transformer en aide efficace, le sentiment de responsabilité face à un proche déprimé devrait non pas se focaliser sur les causes complexes de la maladie (c'est-à-dire le « pourquoi est-il comme cela ? »), mais plutôt se tourner vers la recherche de solutions pragmatiques (« comment agir maintenant ? »). On n'est pas responsable de la dépression d'un proche ; par contre, on peut agir sur son accès aux soins.

Certains individus gravement déprimés présentent des idées de culpabilité ou d'incurabilité délirantes et sont activement suicidaires : un patient nous suppliait par exemple de l'euthanasier immédiatement… Dans de telles situations, lorsque la personne s'avère absolument incapable de prendre conscience de la nature de ses troubles et refuse toute aide, une hospitalisation sous contrainte peut se révéler indispensable pour protéger sa vie (il s'agit d'une décision médicale grave qui nécessite deux certificats circonstanciés indépendants obligatoirement accompagnés d'une lettre manuscrite signée par un proche : la demande d'un tiers).

Pour guérir, il faut faire face !

« Dans un voyage, le plus long est de franchir le seuil », dit un proverbe romain. Comprendre, accepter, intégrer la dépression comme une vraie maladie est une étape capitale. C'est le premier pas vers l'acceptation d'une aide, d'une prise en charge et d'une amélioration, mais il demeure pour beaucoup relativement malaisé d'accepter de consulter un médecin. Le déni de la dépression confronte avec violence aux sentiments d'impuissance, de honte et de culpabilité. S'il est crucial de mieux informer, éduquer, dépister et déstigmatiser cette maladie, c'est justement parce qu'il existe des solutions efficaces. Mais pour guérir, il faut d'abord accepter la maladie et décider de lui faire face : c'est la première étape !

CHAPITRE 2

Les nuits noires de la dépression

Reconnaître la dépression est souvent difficile : fatigue insurmontable, idées noires, insomnies, pessimisme, perte du plaisir et des envies, amaigrissement en sont les signes les plus fréquents. C'est une maladie précise qui affecte globalement le corps et l'esprit. Cette souffrance, si elle n'est pas comprise et soignée, entraîne inéluctablement de profondes difficultés : fléchissement scolaire ou professionnel, tensions au sein du couple, conduites d'échec…

Ce chapitre aide à identifier les principaux signes de dépression et fournit une aide au dépistage. Repérer la dépression derrière ses différents masques permet d'accéder à la source de la souffrance : il est toujours plus facile de combattre un ennemi quand on l'a identifié !

Vertige de la chute

Comme dans la chanson *Le Mal de vivre* de Barbara, « Ça ne prévient pas, ça arrive, ça vient de loin »… L'installation des premiers signes de la dépression ne dure en général que quelques jours, parfois quelques heures seulement. « Et puis un matin au réveil », la souffrance est là : angoisses, fatigue, tristesse, lassitude, dégoût.

La dépression est une rupture et elle entraîne un triple bouleversement : émotionnel, intellectuel et physique. Ce changement est durable : on peut situer dans le temps un « avant » et un « après ». L'entrée dans la dépression donne parfois le sentiment d'une descente aux enfers : un long tunnel noir, sombre, profond.

Le début du tunnel

Après une nuit d'insomnie, Sophie s'est levée un matin d'avril avec un mal de crâne insupportable. Elle jette un œil vers la fenêtre. Le monde s'est transformé. Fade, sombre, comme couvert de cendres. Ne pas se lever, rester couchée. La perspective de cette journée de dimanche lui apparaît insurmontable, elle qui, hier, avait tant d'envies, de projets, d'éclats de rire…

Comme le disait notre maître Pierre Deniker, la dépression est un « jeu du tunnel » dont on finit toujours par sortir. Soyons optimistes : guidé par la voix de Virgile (assurément excellent thérapeute !) Dante n'a-t-il pas su échapper aux neuf cercles du purgatoire pour retrouver sa Béatrice ? Le but du traitement est de hâter au plus vite la sortie de ce tunnel. Retrouver une vision plus objective de la vie et un meilleur équilibre émotionnel et hâter le retour de notre Virgile intérieur…

La douleur d'être soi

Et de longs corbillards, sans tambours ni musique,
Défilent lentement dans mon âme ; l'Espoir,
Vaincu, pleure, et l'Angoisse atroce, despotique,
Sur mon crâne incliné plante son drapeau noir.

Charles BAUDELAIRE.

DE L'ENNUI À LA DOULEUR MORALE

Douleur morale, mal de vivre, idées noires… La vie devient amertume, appréhension, ennui mortel, angoisse et noirceur ; elle perd sa saveur, ses couleurs, son sens. Le regard que l'on jette sur soi-même – passé, présent, avenir – est douloureusement pessimiste. Un filtre gris et opaque est placé devant les yeux. L'estime de soi est anéantie, des sentiments de honte, de culpabilité, voire de dégoût de soi, dominent. Inquiétude diffuse, peur lancinante, oppression thoracique, gorge et estomac noués, sentiments de panique : l'angoisse associée est souvent massive.

Quand la douleur morale devient insupportable apparaissent des idées suicidaires plus ou moins envahissantes. Il faut toujours prendre très au sérieux ce risque et éviter d'évoquer un « chantage au suicide ». Le risque de passage à l'acte est réel : il peut être parfois évité, comme dans le cas de Sophie, par la présence d'un entourage compréhensif et attentif. Dans tous les cas, la présence d'idées suicidaires doit conduire à une consultation médicale urgente.

« Mourir… dormir, rien de plus[1] »

« Qui voudrait porter ces fardeaux, grogner et suer sous une vie accablante, si la crainte de quelque chose après la mort, de cette région inexplorée, d'où nul voyageur ne revient, ne troublait la volonté, et ne nous faisait supporter les maux que nous avons par peur de nous lancer dans ce que nous ne connaissons pas ? » La douleur morale, le deuil, la tristesse sont des thèmes chers à Shakespeare. L'essence même de l'existence est au cœur de son œuvre. « Être ou ne pas être, c'est là la question… », question que bien des déprimés se sont posée…

L'ÉROSION DU PLAISIR ET DES ENVIES

La perte des envies, de la capacité à ressentir le plaisir, finit par conduire à un sentiment d'anesthésie affective, à une incapacité à ressentir les choses simples de la vie. Un bon repas, un livre aimé ou un film habituellement passionnant deviennent autant de coquilles vides.

> « Avec mes enfants, je dois me forcer… Je fais semblant, je joue avec eux, je souris, mais ce n'est pas moi. Je me sens très coupable de vous dire cela, mais je ne prends aucun plaisir à être avec eux. Je sens bien qu'ils en souffrent, mais je n'y peux rien. Je me sens anesthésiée : je ne ressens plus les émotions comme avant ; c'est comme si je n'avais plus de sentiment pour mes enfants. »

Apparaît alors un désintérêt progressif pour les autres, pour les choses de la vie, pour le monde en général et même pour les êtres chers. L'entourage y voit de la morosité ou du cynisme alors qu'il n'en est rien.

Le système cérébral du plaisir, de la motivation et du mouvement

Au niveau cérébral, le plaisir et la motivation sont intimement liés. Ils sont régis par un même circuit dit « système neurobiologique de récompense ». Voilà pourquoi la récompense motive plus puissamment que la punition. Le niveau d'activation de ce système cérébral est modulé en permanence par les expériences que nous vivons. La dopamine, minuscule molécule libérée à l'intérieur de ce système de récompense, permet aux cellules cérébrales de communiquer entre elles. L'orgasme sexuel mais aussi certaines drogues comme l'héroïne ou la cocaïne libèrent massivement la dopamine. Dans la dépression, en revanche, l'activité de ce système est comme paralysée[2] : le plaisir est anesthésié et la motivation abolie.

Parmi les structures cérébrales connectées à ce circuit de récompense, l'aire tegmentale ventrale – structure située à la base du cerveau – contient des neurones qui transportent la dopamine à distance, en direction du système limbique – le cerveau des émotions – et du cortex préfrontal – le cerveau de la concentration et de la motivation. Une autre partie du circuit de récompense est connectée au striatum, qui permet le contrôle moteur de l'action (c'est cette même structure qui est détruite par la maladie de Parkinson).

La diminution de la libération de dopamine dans le circuit de récompense permet donc de comprendre pourquoi la dépression entraîne à la fois un ralentissement de l'activité locomotrice, une perte du désir et du plaisir et une chute des performances intellectuelles.

La chute des performances intellectuelles

> « J'ai le sentiment d'aller droit dans le mur. Je fais n'importe quoi, j'oublie tout… Par exemple, je n'arrive pas à me concentrer sur la comptabilité et la boîte en paiera les conséquences tôt ou tard. En plus, je m'ennuie, je suis totalement démotivé. Je navigue sur Internet au lieu de travailler. Je sais bien que je vais perdre ma place. Mes collègues m'évitent déjà. »

L'esprit est engourdi, la pensée engluée. Le déclin des performances intellectuelles aggrave le sentiment d'incapacité : la mémoire, la concentration, l'attention, la *flexibilité intellectuelle* sont profondément altérées. La capacité à prendre des décisions est entravée. Tout fonctionne au ralenti : pensée, raisonnement, initiatives, actions.

L'impression de se noyer dans un verre d'eau…

La dépression touche les capacités de prise de décision, de concentration et de mémorisation. L'esprit est ralenti. Lorsqu'un nouveau problème se présente, toutes les difficultés antérieures reviennent et s'additionnent. La voiture qui ne démarre pas, un document administratif qui tarde à arriver, un problème de trésorerie ou encore une simple dispute prennent l'allure d'obstacles insurmontables. À terme apparaît un sentiment d'insupportable fardeau. La capacité d'agir est comme paralysée et les émotions sont troublées par de sombres ruminations. Après la guérison de l'épisode dépressif, la prise de conscience du caractère relativement insignifiant de ces problèmes ferait presque sourire, si ce n'est le souvenir de la souffrance associée…

La honte d'être soi

À cette souffrance s'ajoute une « seconde punition » : la *honte d'être soi*. Les sentiments d'impuissance, d'incompréhension et de rejet de soi enferment dans un étouffant silence. L'entourage est bien souvent démuni et ne sait ni comment réagir, ni quel comportement adopter. La motivation chute. Le sentiment d'incapacité devient majeur. Il nourrit la vision pessimiste de soi, de l'environnement, du passé comme de l'avenir. Un cercle vicieux insidieux s'installe.

> « Le soir, je n'ai qu'une envie, me recroqueviller dans mon lit, me reposer, oublier. Pendant que mon mari regarde son film, je me couche et je pleure toute seule dans mon lit, je mords mon oreiller. »

« Je rumine en permanence. Des regrets… Je n'arrive pas à m'endormir. Pourtant je suis épuisée. J'ai honte et j'ai l'impression d'être une vraie loque. Si vous saviez à quel point je me hais ! »
« Nul ne peut comprendre ma souffrance. »

La honte dépressive est liée au sentiment d'infiltration de l'identité personnelle par les symptômes de la maladie. Ce sentiment est spécifique de la dépression : lorsqu'une douleur de dos survient, elle n'entraîne pas de honte car elle apparaît en quelque sorte *extérieure à soi*. Les symptômes dépressifs, eux, touchent l'agir, l'émotion et la pensée et donnent le sentiment de *souffrir d'être soi*.

Les symptômes dépressifs, qui touchent l'agir, le penser et le ressentir, sont vécus comme *consubstantiels au sentiment d'identité de soi*. On ne se reproche plus d'avoir *fait* quelque chose, on souffre d'*être* soi. C'est cela la honte du déprimé.

Les distorsions cognitives : des erreurs dans les logiciels de la pensée ?

Certains processus intellectuels sont spécifiques à la dépression. On sait que les *schémas cognitifs*, véritables logiciels qui structurent notre pensée, nous permettent d'intégrer et de réagir face aux événements de notre vie. Ces « routines » automatiques se modifient durant la dépression et deviennent dysfonctionnelles : interprétation négative de tout ce qui survient, relecture pessimiste des expériences de la journée, amplification des problèmes, tendance à s'attribuer tous les échecs… Ces boucles de pensée diminuent l'estime de soi et aggravent la douleur dépressive. Les principales dysfonctions des schémas de pensée durant la dépression sont :
– *La personnalisation* (« tout ce qui arrive de mal est forcément de ma faute »). Par exemple, si le chiffre d'affaires de la grande entreprise où travaille cette jeune femme est en baisse, elle s'en attribue la responsabilité et se sent coupable, au même titre que si son enfant a de mauvaises notes en classe.

– *La généralisation* (« si un problème survient, tout est raté »). Le patron de cette jeune femme lui fait remarquer qu'elle est en retard ce matin ; son visage se décompose : elle est persuadée qu'il pense qu'elle n'est ni fiable ni compétente.
– *La lecture de pensée* (« inutile de me dire ce que vous pensez de moi, je sais que vous me trouvez nul »). Après la remarque de son patron, notre employée pense aussitôt : « Il va bientôt me renvoyer ; je ne suis vraiment bonne à rien. »
Nous avons tous des distorsions cognitives, pourtant nous ne sommes pas tous déprimés ! C'est l'envahissement quasi permanent et durable du champ de la conscience par ces pensées automatiques négatives et leurs conséquences émotionnelles dévastatrices qui caractérisent la dépression. Les thérapies comportementales et cognitives s'attachent à repérer, décrypter et désamorcer ces « bombes cognitives et affectives » souterraines. L'amélioration de l'estime de soi et de la capacité à se procurer du plaisir est la cible privilégiée de ces stratégies psychothérapiques, qui ont fait la preuve de leur efficacité dans la dépression.

Dans les formes les plus graves de dépression, dites « mélancoliques », des idées délirantes de ruine, d'incurabilité et de culpabilité peuvent survenir : le risque suicidaire est alors majeur.

Les souffrances du corps

L'homme est un apprenti, la douleur est son maître,
Et nul ne se connaît tant qu'il n'a pas souffert.

Alfred DE MUSSET.

La dépression est une maladie du corps et de l'esprit. D'ailleurs, les symptômes physiques sont parfois les premiers à apparaître. Ils sont particulièrement pénibles et contribuent à altérer le moral.

La perte d'énergie

La fatigue, inexplicable, insidieuse, traînante, profonde est un symptôme révélateur et constant de dépression. C'est souvent le premier symptôme, celui pour lequel on consulte un médecin généraliste. Le sommeil et le repos ne l'améliorent pas.

Cette fatigue diminue parfois en début de soirée, mais au matin, le lever est pénible : l'impression d'être ralenti vient aggraver le marasme général. Le corps et les mouvements deviennent lourds, pesants, comme s'il fallait porter une chape de plomb.

Les nuits blanches

> « Je pense au passé, à tout ce que j'ai raté, à toutes les belles choses que j'aurais pu faire, au temps qui passe… Je me sens nostalgique et désespéré. Mes nuits sont encore pires que mes journées. Insomnies, réveils, je tourne en rond. Je me lève, je me recouche… Et je me réveille le matin totalement épuisé, vidé, sans énergie. »

La fatigue est d'autant plus manifeste que les nuits sont souvent blanches : difficultés d'endormissement, réveils nocturnes, réveils matinaux précoces sont fréquents. Le sommeil est non-réparateur : on a le sentiment d'avoir lutté toute la nuit et d'être épuisé. Les réveils matinaux précoces, vers 4 heures ou 5 heures du matin, suivis de ruminations morbides, sont révélateurs de formes graves de dépression.

La perte de la libido

La perte de l'élan vital s'exprime aussi au niveau de la sexualité, avec la diminution ou la disparition de la libido. Ce phénomène aggrave le sentiment de honte et d'échec personnel ainsi que les tensions au sein du couple.

« Mon couple ne fonctionne plus. Si vous saviez comme mon mari m'énerve ! Il ne comprend rien à ce qui m'arrive. Il me dit de me secouer, mais c'est inutile… Ce n'est pas de sa faute, il fait tout ce qu'il peut. Mais tout m'énerve. Même le son de la télévision m'est insupportable. »

LE COMPORTEMENT ALIMENTAIRE

La dépression diminue le désir et anesthésie la sensation de plaisir. L'appétit chute. C'est probablement par l'intermédiaire de l'inactivation du circuit de récompense que la faim diminue. Mais le thermostat de la satiété semble également déréglé par le biais d'autres anomalies biologiques complexes. La perte de poids est souvent significative : plusieurs kilos en quelques semaines.

Les dépressions atypiques

Dans certaines formes de dépression dites « atypiques », qui surviennent plus volontiers chez les femmes et durant la saison de l'automne, il y a augmentation de l'appétit et prise de poids parfois importante. Dans ces formes particulières de dépression, l'hypersomnie est plus fréquente que l'insomnie. La durée de sommeil s'étend et déborde sur la journée ou à l'heure de la sieste. L'irritabilité et l'intolérance au bruit donnent l'impression d'être en permanence à fleur de peau.

DE PÉNIBLES DOULEURS CORPORELLES

Des douleurs physiques apparaissent souvent au cours de la dépression : au dos, au ventre, à la tête, dans les membres… Pour certains patients, ces douleurs sont d'ailleurs le tout premier symptôme de dépression.

« Mon corps me pèse, si vous saviez… Une gangue d'acier. J'ai l'impression de m'étioler et j'ai mal au crâne, au dos, au ventre, partout. »

L'hypersensibilité dépressive à la douleur

Des études ont montré que les douleurs associées à la dépression auraient une origine neurobiologique commune avec les symptômes psychologiques de la maladie. En fait, le seuil de sensibilité à la douleur semble abaissé durant la dépression, le corps devenant extrêmement sensible à tout stimulus. Cette hypersensibilité douloureuse, « à fleur de peau », est un symptôme pénible et décourageant. Certaines familles d'antidépresseurs (tricycliques et IRSNA) semblent plus actives que d'autres sur cet aspect de la dépression, car elles aident à rétablir le filtre de la sensibilité à la douleur qui dépend notamment de l'équilibre entre deux molécules du système nerveux (la sérotonine et la noradénaline).

Dépression ou déprime : comment faire la différence ?

À la lecture de tous ces symptômes, on peut se demander comment différencier la dépression d'un « coup de blues » passager. En effet, qui n'a pas eu de périodes de fatigue ou de tristesse plus ou moins intenses ? Qui n'a pas eu recours à des cures de vitamines, magnésium ou de phytothérapie ou même au seul repos pour lutter contre une perte d'énergie ? Comment donc différencier une période émotionnellement difficile d'une vraie dépression ? Tristesse, morosité, fatigue, abattement, insomnies et angoisses ne sont-ils pas le lot de la condition humaine ? Ne sommes-nous pas, un jour ou l'autre, tous affligés par un denie ?

La dépression est une *maladie dont les symptômes sont précis.* Quatre critères sont essentiels pour aider à la repérer.

1. Une profonde rupture

La dépression est un épisode, avec un début et une fin. Elle marque une rupture dans les capacités de fonctionnement émotionnel, intellectuel et physique habituelles. Les différentes sphères de la vie en sont affectées : professionnelle, sociale, sentimentale, familiale. La dépression induit presque toujours des changements objectifs : apparition de difficultés scolaires ou universitaires, tensions dans le couple – parfois jusqu'au point de rupture –, arrêts de travail. Les dégâts dépendent à la fois de la sévérité du trouble et de la tolérance de l'environnement familial et professionnel.

Cette rupture dépressive est souvent de survenue brutale, mais elle est parfois d'installation lente et insidieuse.

Causes ou conséquences de la dépression ?

Les conséquences de la dépression sont parfois confondues avec les causes de cette dernière. Il y a en effet une tendance psychologique naturelle à vouloir expliquer un état en lui attribuant des causes directes et simples : « J'ai attrapé ce rhume parce que je n'étais pas suffisamment couvert. » Pourtant, les rhumes sont causés par des virus dont les écharpes – même épaisses – ne protègent pas…

C'est souvent la même chose avec la dépression : les causes les plus évidentes sont mises en avant. Ainsi, une dépression sera reliée à un divorce ou à un licenciement alors qu'elle peut avoir commencé avant cet événement et l'avoir en réalité précipité : on aime et on travaille différemment quand on est déprimé ! Ce point n'est pas sans conséquence sur la façon de comprendre la maladie et d'y répondre au mieux. Mettre une écharpe réconforte, mais ne fait pas tomber la fièvre !

2. Une souffrance durable

Bien au-delà de moments de fatigue ou de découragement ponctuels survenant au décours d'un épuisement professionnel ou affectif, la dépression s'étire insidieusement sur des semaines, des mois. Sans aucun traitement, une dépression dure en moyenne six à dix mois, mais elle peut s'étirer sur des périodes bien plus longues. D'où la nécessité de la démasquer rapidement pour agir efficacement.

3. L'accumulation inexorable des maux

L'esprit et le corps souffrent de concert dans la dépression. Les pensées sont envahies par la tristesse ; l'angoisse, les idées noires et la perte de plaisir assombrissent tout. La fatigue, les douleurs physiques, l'insomnie et l'amaigrissement marquent le corps. Pourtant, pris isolément, aucun de ces signes n'est synonyme de dépression !

La dépression n'est donc pas un symptôme unique, mais une constellation de symptômes associés : c'est la raison pour laquelle les psychiatres parlent de « syndrome dépressif ». Seule l'association durable de plusieurs de ces symptômes, présents presque toute la journée et tous les jours durant au moins quinze jours conduit au diagnostic médical.

4. La potentialité suicidaire

C'est un symptôme direct de dépression mais aussi la conséquence de la souffrance insupportable qu'elle engendre. Tous les déprimés n'ont pas d'idée ou de projet suicidaire, mais la potentialité suicidaire peut émerger au cours de l'évolution. C'est le symptôme le plus redoutable de la maladie.

Critères diagnostiques de dépression, d'après la classification américaine du DSM-IV

Cinq symptômes ou plus dans la liste suivante doivent avoir été présents pendant au moins deux semaines consécutives, presque tous les jours et pratiquement toute la journée durant ces deux semaines. Ils doivent avoir représenté un changement par rapport au fonctionnement antérieur. Au moins un des symptômes est soit une humeur dépressive soit une perte d'intérêt ou de plaisir.
– Humeur triste, dépressive ou irritabilité chez l'enfant et l'adolescent.
– Diminution marquée de l'intérêt ou du plaisir pour toutes ou presque toutes les activités (en particulier celles que le sujet affectionne habituellement : sport, sorties, activités de loisirs...).
– Perte ou gain de poids en l'absence de régime, ou diminution ou augmentation de l'appétit.
– Insomnie ou hypersomnie.
– Agitation ou ralentissement.
– Fatigue ou perte d'énergie.
– Sentiment de dévalorisation ou de culpabilité excessive.
– Diminution des facultés de concentration ou indécision permanente.
– Pensées de mort récurrentes (pas seulement une peur de mourir), idées suicidaires récurrentes sans plan précis ou tentative de suicide ou avec plan précis pour se suicider.

Ces symptômes induisent une souffrance significative ou une altération du fonctionnement social, professionnel ou dans d'autres domaines importants. Ils ne sont pas imputables aux effets directs d'une substance (drogue, médicament) ou d'une maladie (par exemple hypothyroïdie). Ils ne sont pas expliqués par un deuil.

Dépister la dépression

Il existe de nombreux questionnaires de dépistage de la dépression. Aucun d'eux n'est parfait et, surtout, aucun d'eux ne peut se substituer au diagnostic d'un médecin. Ils sont cependant utiles dans l'aide au dépistage, l'évaluation de la gravité du trouble, ainsi que pour le suivi de l'évolution au cours du traitement.

Questionnaire de dépistage de la dépression[3]

Ce questionnaire comporte plusieurs séries de quatre propositions. Pour chaque série, lisez les quatre propositions, puis choisissez celle qui décrit le mieux votre état actuel.

Entourez le numéro qui correspond à la proposition choisie. Si, dans une série, plusieurs propositions vous paraissent convenir, entourez les numéros correspondants.

A

0. Je ne me sens pas triste.
1. Je me sens cafardeux ou triste.
2. Je me sens tout le temps cafardeux ou triste et je n'arrive pas en sortir.
3. Je suis si triste et si malheureux que je ne peux pas le supporter.

B

0. Je ne suis pas particulièrement découragé ou pessimiste au sujet de l'avenir.
1. J'ai un sentiment de découragement au sujet de l'avenir.
2. Pour mon avenir, je n'ai aucun motif d'espérer.
3. Je sens qu'il n'y a aucun espoir pour mon avenir, et que la situation ne peut s'améliorer.

C

0. Je n'ai aucun sentiment d'échec de ma vie.
1. J'ai l'impression que j'ai échoué dans ma vie plus que la plupart des gens.
2. Quand je regarde ma vie passée, tout ce que j'y découvre n'est qu'échec.
3. J'ai un sentiment d'échec complet dans toute ma vie personnelle (dans mes relations avec mes parents, mes professeurs, mes amis…).

D

0. Je ne me sens pas particulièrement insatisfait.
1. Je ne sais pas profiter agréablement des circonstances.
2. Je ne tire plus aucune satisfaction de quoi que ce soit.
3. Je suis mécontent de tout.

E

0. Je ne me sens pas coupable.
1. Je me sens mauvais ou indigne une bonne partie du temps.
2. Je me sens coupable.
3. Je me juge très mauvais, et j'ai l'impression que je ne vaux rien.

F

0. Je ne suis pas déçu par moi-même.
1. Je suis déçu par moi-même.
2. Je me dégoûte moi-même.
3. Je me hais.

G

0. Je ne pense pas à me faire du mal.
1. Je pense que la mort me libérerait.
2. J'ai des plans précis pour me suicider.
3. Si je le pouvais, je me tuerais.

H

0. Je n'ai pas perdu l'intérêt pour les autres gens.
1. Maintenant je m'intéresse moins aux autres gens qu'autrefois.
2. J'ai perdu tout l'intérêt que je portais aux gens et j'ai peu de sentiments pour eux.
3. J'ai perdu tout l'intérêt pour les autres, et ils m'indiffèrent totalement.

I

0. Je suis capable de me décider aussi facilement que de coutume.
1. J'essaie de ne pas avoir à prendre de décision.
2. J'ai de grandes difficultés à prendre des décisions.
3. Je ne suis plus capable de prendre la moindre décision.
3. J'ai l'impression d'être laid et repoussant.

J

0. Je n'ai pas le sentiment d'être plus laid qu'avant.
1. J'ai peur de paraître vieux ou disgracieux.
2. J'ai l'impression qu'il y a un changement permanent dans mon apparence physique, qui me fait paraître disgracieux.

K

0. Je travaille aussi facilement qu'auparavant.
1. Il me faut faire un effort supplémentaire pour commencer à faire quelque chose.
2. Il faut que je fasse un très grand effort pour faire quoi que ce soit.
3. Je suis incapable de faire le moindre travail.

L

0. Je ne suis pas plus fatigué que d'habitude.
1. Je suis fatigué plus facilement que d'habitude.
2. Faire quoi que ce soit me fatigue.
3. Je suis incapable de faire le moindre travail.

M

0. Mon appétit est toujours aussi bon.
1. Mon appétit n'est pas aussi bon que d'habitude.
2. Mon appétit est beaucoup moins bon maintenant.
3. Je n'ai plus du tout d'appétit.

Après avoir additionné les scores à chaque item (si plusieurs réponses ont été entourées sur une même question, garder le score le plus élevé), le total est interprété de la façon suivante :

– 0-4 : pas de dépression ;
– 4-7 : dépression légère ;
– 8-15 : dépression modérée ;
– 16 et plus : dépression sévère.

Cette échelle de dépistage ne se substitue pas à un examen clinique. Néanmoins, un score supérieur à 6 doit inciter à consulter le médecin.

CHAPITRE 3

Les mécanismes neurobiologiques de la maladie

Deuils, pertes, ruptures, événements douloureux ou alchimie de l'âme : la dépression est-elle une maladie du corps ou de l'esprit ? En fait, pourquoi continuer à opposer causes psychosociales et causes biologiques dans la dépression ?

Certaines molécules régulent les émotions. Leur libération devient anormale durant la dépression et les anti-dépresseurs rétablissent l'équilibre moléculaire, mais les phénomènes qui contrôlent ces molécules cérébrales interagissent étroitement avec l'environnement affectif et les événements de vie...

Les progrès des sciences du cerveau ne remettent donc pas en cause les acquis des sciences humaines. Au contraire, neurobiologie et psychologie se complètent et s'enrichissent mutuellement. Et comprendre les causes de la dépression, c'est déjà se préparer à agir.

Une maladie du corps ou de l'esprit ?

Si la chair s'est produite à cause de l'esprit,
c'est une merveille ;
Mais si l'esprit s'est produit à cause du corps,
c'est une merveille de merveille.

Évangile selon Thomas.

VERS UNE RÉCONCILIATION DU CORPS ET DE L'ESPRIT

La dépression est-elle une maladie du corps ou de l'esprit ? Voilà bien une question occidentale ! La plupart des philosophies orientales ne dissocient pas l'esprit du corps, mais les conçoivent comme un tout dont l'harmonie fragile doit être préservée. Dans notre civilisation judéo-chrétienne, il n'est pas toujours aisé, après tant de siècles de dualisme, de réconcilier le corps et l'esprit.

L'explosion récente des neurosciences a profondément contribué à modifier notre conception des interactions entre le corps et l'esprit, notamment dans le champ de la vie émotionnelle. La conscience, les souvenirs, l'apprentissage, l'état émotionnel, les sensations physiques, la régulation des battements du cœur, de la faim et de la température corporelle sont des phénomènes dorénavant perçus comme intimement liés. Spinoza, en son temps, avait défendu l'idée d'une *unicité* du corps et de l'esprit. Les données modernes de la science lui donnent raison…

Psychologie cognitive, neurobiologie, réseaux de neurones, neuroplasticité… Les scientifiques ne cherchent plus le siège

À la recherche du siège de l'âme…

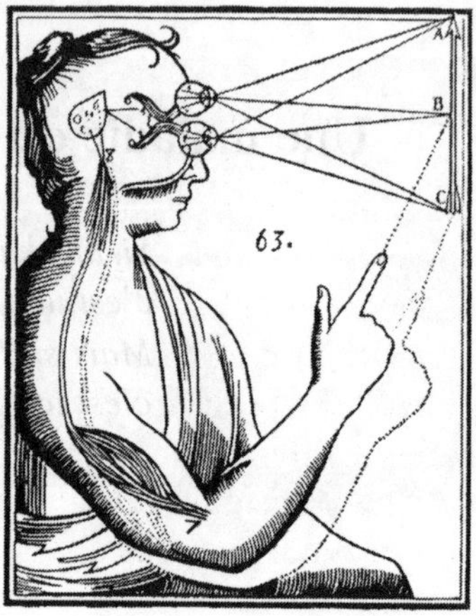

La perspective occidentale d'un dualisme du corps et de l'âme est très ancienne. Platon considérait déjà l'âme comme infiniment supérieure au corps : pour lui, le monde réel n'était qu'une copie pâle et dégradée d'un univers pur et éthéré. La philosophie chrétienne a encore renforcé cette opposition entre la chair et l'esprit. Ce dualisme a conduit Descartes à rechercher le lieu mythique et secret où l'âme pourrait se connecter au corps : la glande pinéale, petite structure arrondie située au centre du cerveau, est le véritable « siège » de l'âme et ce sont les esprits animaux qui font naître les sensations en venant frapper cette glande.
Si l'âme n'est finalement pas dans la glande pinéale, reconnaissons à Descartes que cette dernière joue un rôle fondamental dans la modulation des rythmes biologiques circadiens, qui sont fortement altérés durant la dépression.

de l'esprit dans une région du cerveau : ils établissent les cartes des circuits neuronaux, à la manière des premiers géographes découvrant de nouvelles contrées. Ces planisphères de notre univers mental connectent peu à peu les différentes pièces du puzzle : mémoire à long terme, émotions, fonctions décisionnelles… Désormais, il ne s'agit plus de dissocier chaque élément, mais bien de tenter de constituer un modèle intégratif global qui rende compte de l'unité et de la cohésion des phénomènes mentaux et affectifs.

Les découvertes scientifiques récentes montrent que la dépression est à la fois une maladie du corps et de l'esprit. Tout simplement parce que le corps et l'esprit sont *indissociables*.

Réseaux neuronaux, corps et émotions.

Dans le cerveau, des boucles d'autorégulations complexes s'organisent autour d'autoroutes de l'information à côté desquelles nos réseaux périurbains les plus alambiqués font pâle figure. Ces vastes réseaux font remonter l'information au niveau de centres intégratifs – véritables échangeurs autoroutiers –, comme le thalamus : un flot massif d'informations provenant de voies sensorielles, affectives, cognitives y afflue en permanence et doit y être traité en temps réel. De ces échangeurs partent de nouvelles voies qui se connectent vers des centres émetteurs comme l'hypothalamus. Ce petit noyau cérébral se comporte comme un centre nerveux de distribution de l'information, mais aussi comme une glande qui déverse dans le sang les hormones qui influent par exemple, sur notre niveau de réactivité émotionnelle ou notre sensation de satiété. Ces réseaux neuronaux forment un palais de cristal dont l'architecture dynamique est en perpétuel remodelage au cours de la vie.

Les causes autant que les symptômes de la dépression concernent tout à la fois le corps et l'esprit.

DÉPRESSION, MÉMOIRE ET PLASTICITÉ CÉRÉBRALE

Révolution dans le domaine de l'imagerie médicale : en trente ans, nous sommes passés de l'ère de la radiographie à celle du scanner puis de la résonance magnétique (IRM). Avec sa précision millimétrique, cette dernière est à l'anatomie ce que le télescope Hubble est à l'astronomie !

De très petites structures cérébrales peuvent désormais être visualisées en trois dimensions ; on peut même calculer leur volume précis et suivre l'évolution de leur taille pendant et après un épisode de dépression. Ces techniques modernes d'imagerie nous apprennent que le cerveau est une structure dynamique, qui « souffre » au cours de la dépression. La maladie entraîne des modifications anatomiques subtiles dans certaines régions cérébrales précises, mais, heureusement, ces modifications semblent réversibles après la guérison.

Plasticité cérébrale et dépression : l'atrophie des hippocampes

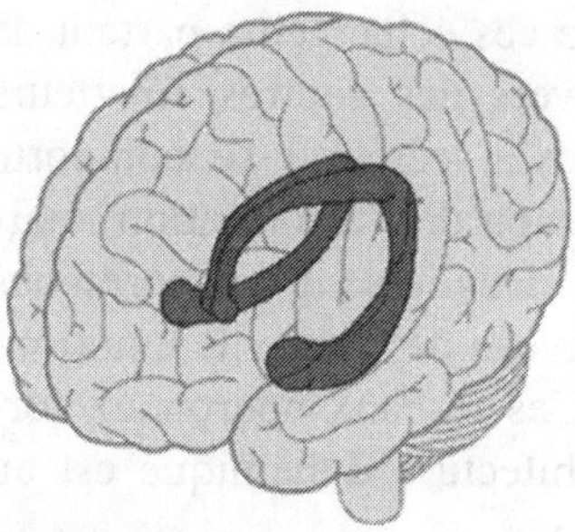

Les hippocampes[1] sont deux petites structures repliées en forme de croissants. Lovées à l'intérieur des lobes temporaux, elles jouent un rôle majeur dans la vie émotionnelle et dans certains apprentissages. Fragiles, sensibles et plastiques car bourrées de jeunes pousses neuronales, leur taille et leur volume peuvent varier au cours d'une dépression. Plus les épisodes de la maladie se répètent, plus elles se rétractent : un peu comme l'huître que l'on titille du bout de la fourchette[2]. Que la dépression vienne à guérir, et les hippocampes s'épanouissent à nouveau…

Cette formidable capacité de *plasticité cérébrale* est l'un des enjeux majeurs du traitement : mieux la comprendre, c'est donner l'espoir de nouvelles voies thérapeutiques pour demain.

Voir dans l'intimité du cerveau

La révolution de l'imagerie médicale s'est poursuivie, avec de nouvelles techniques dites *fonctionnelles.* En pratique, il ne s'agit plus simplement de voir comment est fait le cerveau, mais comment il fonctionne.

Comment visualiser l'activité cérébrale durant la dépression ?

Le cerveau, comme tout organe, doit consommer de l'oxygène et du sucre lorsqu'il fonctionne. Si un réseau neuronal est fortement sollicité, le débit de sang local augmente pour nourrir cette région. La possibilité de mesurer l'afflux de sang ou de glucose permet donc de visualiser l'activation d'une région neuronale donnée.

Les techniques qui permettent cette mesure sont la tomographie par émission de positons (PET scan) et l'imagerie par résonnance magnétique fonctionnelle (IRMf) ; elles parviennent à explorer les modifications cérébrales survenant au cours de la dépression, que le patient soit au repos ou bien qu'on lui demande de réaliser des exercices de mémorisation, de concentration, de prise de décision ou de gestion des émotions.

Ces techniques permettent de répondre à plusieurs questions cruciales dans la dépression : quelles sont les régions cérébrales qui fonctionnent différemment durant la maladie et à quoi serventelles ? Les antidépresseurs ou les psychothérapies permettent-ils de restaurer l'activité du cerveau ? Peut-on prédire quel traitement sera le plus efficace pour telle personne, en fonction de la cartographie de son activité cérébrale ?

Les résultats des études de PET scan et d'IRMf dans la dépression sont convergents. Ils désignent quelques régions cérébrales stratégiques dans la gestion des cognitions et des émotions, notamment le *cortex préfrontal*[3]. C'est la partie la plus évoluée, complexe et sophistiquée du cerveau ; la plus *humaine* aussi, celle qui nous différencie le plus des animaux. Concentration, intégration des émotions, mémoire, motivation et planification de l'action dépendent étroitement de cette région de matière grise. Or l'« endormissement » de ces fonctions cognitives et émotionnelles renvoie très directement aux symptômes de la dépression… Sous traitement, le cortex préfrontal reprend progressivement son activité : sa consommation d'oxygène et de sucre se normalise progressivement. C'est l'éveil cérébral qui mène à la guérison !

Cerveau, cortex et émotions

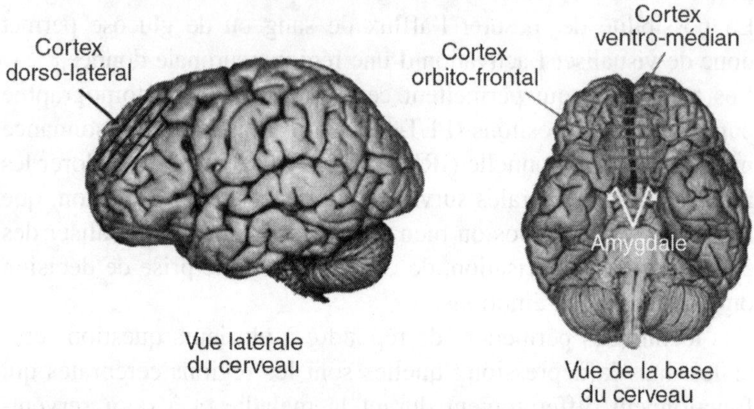

Le cortex préfrontal est composé de trois régions : orbito-frontale, dorso-latérale et ventro-médiane. Le *cortex orbito-frontal* permet de réprimer certaines émotions ou gratifications immédiates en vue d'obtenir un avantage plus important à long terme ; le *cortex préfrontal latéral* aide à choisir un comportement en permettant d'évaluer simultanément différentes options ; enfin, le *cortex ventro-médian* est un centre d'intégration des expériences émotionnelles. Le cortex préfrontal est en relation étroite avec le système limbique et, en particulier, les hippocampes, qui traitent l'information émotionnelle et certains apprentissages.

Alchimie de la dépression

LA BIOLOGIE DE L'ÂME

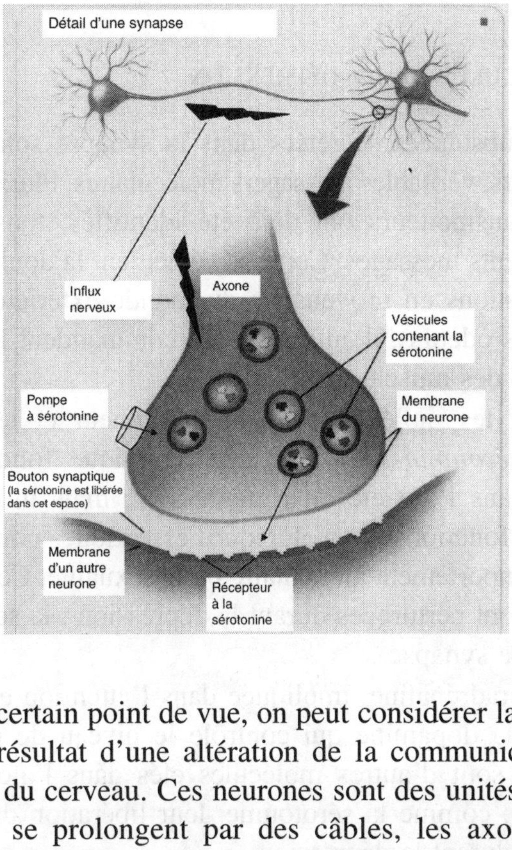

D'un certain point de vue, on peut considérer la dépression comme le résultat d'une altération de la communication entre les cellules du cerveau. Ces neurones sont des unités communicantes : ils se prolongent par des câbles, les axones, qui se connectent à distance vers d'autres cellules, constituant de vastes réseaux d'information. La rencontre de l'extrémité de l'axone avec un autre neurone forme une sorte de bouton, mais les deux cellules demeurent séparées par un minuscule espace, la synapse. Chaque neurone possède ainsi environ 10 000 contacts synaptiques avec d'autres neurones. Pour se transmettre l'information, les neurones libèrent des molécules à l'intérieur de la synapse.

Le fonctionnement de la pensée, de la mémoire et des émotions nécessite la transmission de milliards de signaux moléculaires dans ces espaces de communication. On peut donc imaginer ces synapses comme de microscopiques chaudrons dans lesquels se concocte la biologie de l'âme…

Les molécules de la dépression

Les substances sécrétées dans la synapse sont des neurotransmetteurs, véritables messagers moléculaires. Plusieurs dizaines de neurotransmetteurs ont déjà été identifiés, tous spécialisés dans différents messages. Certains véhiculent la douleur, d'autres les informations en provenance du monde extérieur (le son, la lumière, les odeurs), d'autres encore commandent l'action et la contraction des muscles.

Parmi les molécules régulant l'humeur et les émotions, figure la *sérotonine*. Ce messager chimique fondamental est impliqué dans l'anxiété et la dépression, mais influence aussi différentes fonctions physiologiques essentielles comme le sommeil, le comportement alimentaire ou la sexualité. Ces différentes fonctions sont perturbées durant la dépression : la sérotonine est tarie dans la synapse…

La noradrénaline, impliquée dans l'attention et la concentration, et la dopamine qui contrôle le niveau de plaisir et de motivation sont d'autres molécules clés dans l'alchimie de la dépression : comme la sérotonine, leur libération diminue dans la synapse durant la dépression.

Les nouvelles cibles thérapeutiques

Il existe de nos jours de nombreuses molécules aux vertus antidépressives. Chacune d'entre elles agit en augmentant la libération de neurotransmetteurs dans des régions cérébrales particulières.

Alchimie cérébrale et dépression

L'observation de changements moléculaires cérébraux durant la dépression est possible *in vivo* chez l'homme, grâce aux techniques d'imagerie fonctionnelle. Au lieu de mesurer la consommation de glucose, on évalue le taux de fixation de la sérotonine sur les récepteurs des neurones du cerveau. Ces études sont réalisées à l'aide de copies artificielles radioactives de la sérotonine (ou d'autres molécules stratégiques) ; la dose de radioactivité est très faible et ses effets sur l'organisme sont négligeables. Plus la concentration de sérotonine naturelle dans la synapse est élevée, moins le marqueur radioactif parvient à se fixer sur les récepteurs : quand il y a déjà une clé dans la serrure, on ne peut pas en introduire une autre !

Durant la dépression, peu de sérotonine naturelle est libérée par le neurone, donc les copies radioactives se logent abondamment sur les récepteurs ; une radiographie perfectionnée – le PET scan – permet alors de visualiser cette radioactivité et de révéler une part de l'alchimie de la dépression.

Au fil des découvertes concernant les nouvelles molécules de la dépression, la classification des médicaments selon leur classe chimique et leur mode d'action s'est enrichie. Certains médicaments agissent spécifiquement sur la sérotonine, d'autres sur la noradrénaline ou sur la dopamine. Enfin, de nouvelles molécules ont une action combinée sur plusieurs neurotransmetteurs, permettant de créer une *synergie thérapeutique.*

Quatre grandes familles existent désormais :

- Les inhibiteurs de la monoamine-oxydase (IMAO).
- Les tricycliques.
- Les inhibiteurs sélectifs de la recapture de la sérotonine (ISRS).
- Les inhibiteurs doubles de la recapture de la sérotonine et de la noradrénaline (IRSNA). Cette dernière classe molécu-

laire est la plus récente et se révèle particulièrement efficace, y compris dans les formes sévères de dépression.

Des études récentes suggèrent que d'autres molécules, présentes au cœur même du neurone et non à sa surface comme le récepteur ou le transporteur de la sérotonine, pourraient représenter de nouvelles cibles thérapeutiques dans la dépression. Ces molécules (BDNF, NGF, GSK-3 bêta...) jouent un rôle clé dans la plasticité et la survie du neurone et influent notamment sur l'apoptose, ce suicide cellulaire génétiquement programmé mais accéléré par les facteurs de stress biologique. L'identification de ces cascades moléculaires intraneuronales pourrait déboucher vers l'apparition de médicaments innovants.

Les IMAO

Les inhibiteurs de la monoamine-oxydase (IMAO) furent parmi les premiers antidépresseurs développés. La sérotonine, la dopamine et la noradrénaline sont détruites par une enzyme que l'on appelle monoamine-oxydase. Les inhibiteurs de la monoamine-oxydase vont bloquer cette enzyme, permettant ainsi à une plus grande quantité de ces trois molécules de demeurer disponible dans la synapse. Les IMAO sont moins utilisés de nos jours comme antidépresseurs de première ligne à cause de leurs effets secondaires et des dangers associés à leur combinaison avec d'autres médicaments.

Les tricycliques

Les antidépresseurs tricycliques furent développés dans les années 1950 et 1960 et tiennent leur nom des trois anneaux de leur structure chimique. Les tricycliques agissent principalement en bloquant les pompes à recapture des synapses sérotoninergiques et noradrénergiques. Ces pompes servent normalement à éviter tout « gaspillage » et recyclent ces molécules à l'intérieur du neurone. Résultat : en bloquant la pompe, davantage de sérotonine ou de noradrénaline demeure disponible dans la fente synaptique. L'inconvénient de ces antidépresseurs très efficaces est leur mauvaise tolérance. Ils agissent en effet sur d'autres messagers chimiques responsables d'effets secondaires plus ou moins gênants.

Les ISRS

Les inhibiteurs sélectifs de la recapture de la sérotonine (ISRS) sont les plus utilisés des antidépresseurs. Ils sont déjà très connus du public grâce à l'un de ses représentants, la fluoxétine, devenue célèbre sous le nom de Prozac. Comme leur nom l'indique, les ISRS diminuent la recapture de la sérotonine dans le neurone présynaptique en bloquant la pompe. Davantage de sérotonine reste donc dans la fente synaptique plus longtemps. Contrairement aux tricycliques, ces médicaments sont spécifiques et ciblent uniquement la sérotonine. Résultat : ils ont peu d'effets secondaires et sont bien supportés.

Les ISRNA

Ces médicaments agissent comme les ISRS, en bloquant la recapture de la sérotonine dans le neurone. Ils bloquent également la pompe qui recapture la noradrénaline. Leur mode d'action est double, comme les tricycliques. Ces nouveaux antidépresseurs ont cependant un avantage sur les tricycliques : ils n'agissent pas ou peu sur d'autres neuromédiateurs en dehors de la sérotonine et de la noradrénaline. Ils sont beaucoup mieux tolérés.

Poids de l'inné, force de l'acquis

La dépression est-elle une maladie génétique ?

L'existence d'un support génétique dans la dépression a été établie grâce aux études d'agrégation familiale et aux études de jumeaux. Certaines familles sont plus frappées par la dépression que ne le voudrait le hasard : c'est un fait.

Les études de jumeaux

Les études de jumeaux sont particulièrement intéressantes pour évaluer la part héréditaire d'un trouble, car les « vrais » jumeaux sont issus d'un même œuf et ont un patrimoine génétique identique, tandis que les « faux » jumeaux, bien qu'ayant partagé le même environnement précoce, sont issus de deux œufs distincts. Or, à milieu familial et éducatif identique, si l'un des deux jumeaux vient à souffrir de dépression, l'autre jumeau aura statistiquement beaucoup plus de risques d'en souffrir également s'ils sont « vrais » jumeaux que s'ils sont « faux » jumeaux…

La dépression est un trouble éminemment complexe et multifactoriel dont les mécanismes se situent donc aux confins de l'interaction entre la biologie et le fonctionnement psychique. Ce n'est pas une maladie génétique à proprement parler, mais l'hérédité peut induire un certain degré de *vulnérabilité*. Une conception purement biologique de la dépression se révélerait donc réductrice car l'histoire individuelle, les expériences de vie et la maturation façonnent, bien au-delà des gènes, une *absolue singularité*.

DÉPRESSION, SÉROTONINE ET VULNÉRABILITÉ GÉNÉTIQUE

Cette vulnérabilité génétique face à la dépression demeure mystérieuse : l'implication de certains gènes n'est pas totalement élucidée, mais des « suspects » sont actuellement « en examen ». Parmi ces présumés coupables, le gène de la pompe à sérotonine fait l'objet d'une enquête approfondie. Cette minuscule pompe située à la surface de la synapse permet la recapture et le recyclage de sérotonine à l'intérieur du neurone et sert à économiser cette précieuse substance… Mais si le neurone pompe activement la sérotonine alors que cette molécule est quasi absente de la synapse du déprimé, les troubles cognitifs et émotionnels perdurent et s'aggravent.

Les plans de cette pompe à sérotonine – également nommée « transporteur » – sont codés à l'intérieur de nos gènes : certains individus ont une copie légèrement défectueuse du transporteur. En outre, de nombreux antidépresseurs agissent en bloquant cette pompe, permettant ainsi à la sérotonine de s'accumuler librement dans la synapse. Ces médicaments favorisent la guérison en permettant le rétablissement d'une communication neuronale harmonieuse.

Le choc des gènes et de l'environnement

Le prestigieux Institut de psychiatrie de Londres (situé à l'hôpital Maudsley) a coordonné une étude portant sur plus de mille enfants suivis de l'âge de 3 ans jusqu'à l'âge adulte. L'étude ayant été menée sur une île (la Nouvelle-Zélande), presque tous les enfants ont pu être suivis jusqu'à l'âge de 30 ans. Ces sujets ont été évalués à l'aide de multiples batteries de tests psychologiques et médicaux tout au long de leur enfance, de leur adolescence et, plusieurs fois également, à l'âge adulte. Des recueils

d'événements de vie stressants ont été réalisés de façon répétée dans le temps : séparation des parents, deuils, déménagements, perte d'emploi… Devenus adultes, la plupart des sujets de l'étude ont accepté de se soumettre à un prélèvement de salive : les chercheurs ont donc eu aussi accès à leur patrimoine génétique. Un travail titanesque, même pour une armada de chercheurs !
Des psychologues ont d'abord voulu regarder l'impact des événements de vie stressants sur le risque de dépression. Les résultats se sont révélés peu probants : de nombreux individus soumis à des stress majeurs (accident de voiture, deuils répétés…) ne sombraient pas dans la dépression.
Parallèlement, des généticiens ont tenté de vérifier si le risque de dépression était inscrit dans l'ADN ; ils ont donc comparé le risque de la maladie chez des sujets ayant un gène codant une pompe à sérotonine très efficace (gène dit « gros transporteur » de sérotonine) à ceux ayant un gène peu fonctionnel (gène « petit transporteur » de sérotonine) et supposés plus fragiles. À nouveau, les résultats ont été décevants : le patrimoine génétique étudié isolément ne permettait pas d'expliquer le risque de dépression !
Puis ces chercheurs (faut-il désormais les nommer psychologues généticiens ?) ont finalement décidé de ne plus séparer les facteurs génétiques et psychologiques, mais au contraire de les rassembler. Les résultats furent alors spectaculaires[4] : ils sont parvenus à démontrer l'existence d'une interaction puissante entre facteurs de vulnérabilité génétiques et facteurs de stress psychologique. En effet, la survenue d'événements de vie douloureux provoquait une dépression essentiellement chez les sujets génétiquement vulnérables (« petits transporteurs » de sérotonine) ! Plus de 40 % de ces sujets « petits transporteurs » de sérotonine subissaient une dépression lorsqu'ils étaient soumis à une répétition d'événements difficiles au cours de l'année passée (perte de travail, séparation…). À l'inverse, les sujets « gros transporteurs » étaient plus résilients face aux événements de vie douloureux : de vrais rocs qui ne sombraient pas dans la dépression même s'ils subissaient plusieurs catastrophes au cours d'une même année.

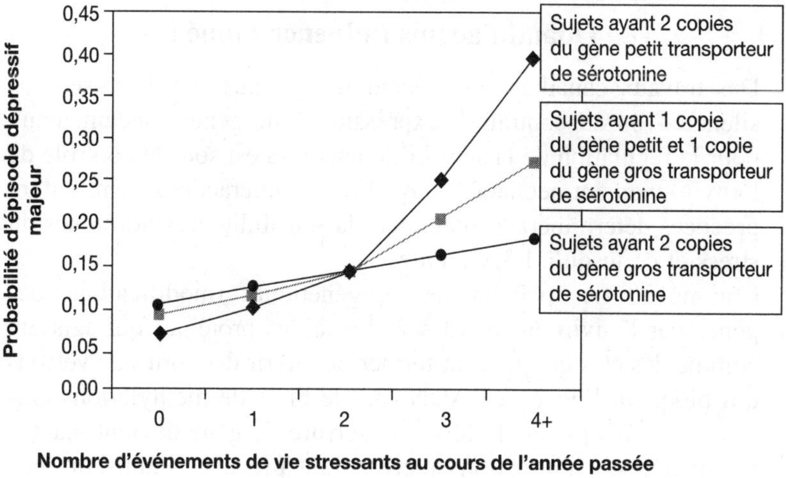

(D'après Caspi *et al.*, *Science,* 2003.)

DES ÊTRES DE CHAIR, D'AMOUR ET D'HISTOIRE

Que notre avenir ne soit pas inscrit dans nos gènes, cela est rassurant ! Pourtant, dans une conception biologique classique, nos gènes sont considérés comme un jeu de cartes distribué à la conception, la nature faisant preuve de plus ou moins de générosité et excluant toute nouvelle donne. Or ce dogme biologique vient d'être battu en brèche par de nouvelles découvertes qui montre que nos gènes ne sont pas de marbre…

Quand l'acquis influence l'inné !

Des travaux canadiens ont récemment montré que la mise sous silence – ou au contraire l'expression – de gènes fondamentaux pour la régulation de la sensibilité au stress est sous le contrôle de l'environnement néonatal : la qualité des interactions mère-enfant précoces déterminerait notamment la sensibilité aux hormones du stress et ce jusqu'à l'âge adulte.

Comment ? Les phénomènes épigénétiques (modifications des gènes par l'environnement) sont liés à des protéines qui agissent comme des clés qui peuvent fermer ou ouvrir des sortes de verrous qui bloquent l'accès à l'ADN (par le biais de méthylations chimiques). Lorsque la clé ferme la serrure, le gène devient inactif. De mauvaises interactions mère-enfant précoces induisent chez le bébé rongeur une fermeture de la serrure : le gène des récepteurs aux corticoïdes (une hormone capitale impliquée dans la réactivité au stress) devient silencieux.

Cette modification de l'expression du gène est stable dans le temps, tout au cours du développement, jusqu'à l'âge adulte : on n'efface pas si facilement les blessures du passé… Mais ce phénomène est réversible : une prise en charge affectueuse des jeunes mammifères déverrouille la serrure et le gène se remet à fonctionner : les récepteurs sont à nouveau présents sur les neurones et les animaux retrouvent une sensibilité normale au stress. Quand la biologie converge avec la psychologie du développement, c'est toute une conception du psychisme qui est revisitée !

Nos gènes ne sont donc pas des tables de la loi mais plutôt des pièces d'argile remodelées par la chaleur humaine, la tendresse et l'amour !

CHAPITRE 4

Des blessures de l'enfance au développement de la personnalité

Nombre d'adultes déprimés ont autrefois été des enfants maltraités, abusés, abandonnés ou humiliés par des parents malfaisants, incompétents ou nocifs. Ces blessures d'enfance s'inscrivent au cœur de l'identité psychique, ébranlent l'estime de soi et bouleversent durablement le sentiment de sécurité intérieure, la qualité de l'intimité relationnelle et de la confiance en l'autre.

Les conduites parentales néfastes sont parfois plus insidieuses : la sécurité matérielle de l'enfant est assurée, mais il baigne dans un environnement affectif profondément négatif, critique, cynique. L'absence, tout autant qu'une surprotection parentale étouffante et inadaptée, peut avoir des conséquences à long terme sur le mode de fonctionnement psychique, sur le développement de la personnalité ou encore sur le niveau d'anxiété.

Préserver l'harmonie affective, familiale et éducative de l'enfant est un enjeu crucial pour son avenir psychique.

Une enfance maltraitée

Maltraitance infantile, parents nocifs ou absents, troubles anxieux précoces : l'enfance est une période de grande fragilité face aux adversités de la vie, et tous ces facteurs peuvent contribuer à augmenter la vulnérabilité ultérieure face à la dépression. Mais, à l'inverse, de nombreux adultes déprimés ont vécu une enfance sereine, heureuse et épanouie.

Enfants battus, violés, humiliés, torturés… Ces actes de barbarie sordides, qui semblent appartenir à d'autres siècles, existent toujours dans nos sociétés occidentales. C'est avec la description du syndrome de l'enfant battu, en 1962, que le corps médical et l'opinion publique prennent conscience de l'ampleur du phénomène de la maltraitance des enfants. Quarante ans après, un rapport de l'OMS[1] montre que la maltraitance des enfants demeure un problème mondial. Les conclusions d'études internationales menées depuis 1980 font apparaître que 20 % des femmes et 5 à 10 % des hommes ont été victimes d'agressions sexuelles dans leur enfance. Par ailleurs, les enquêtes menées auprès de parents dans plusieurs pays européens confirment que l'utilisation de sévices physiques sur les enfants demeure fréquente. La violence faite aux enfants ne se rencontre pas qu'à l'école ou dans la rue. Carences affectives, châtiments corporels, cruauté psychologique, abus sexuels, ont lieu le plus souvent dans l'intimité de la famille, à la maison.

Une vaste étude nord-américaine récente[2] a suivi plus de 15 000 enfants jusqu'à l'âge adulte. Elle montre que 28 % des enfants ont subi des sévices physiques, que 12 % ont été délaissés et négligés et que 4 % ont été abusés sexuellement. Ces différentes formes de maltraitance augmentent considérablement le risque de dépression à l'âge adulte, ainsi que le risque d'alcoolisme, de violence, ou d'obésité...

Blessures d'enfance

Laurent a 35 ans, il est médecin. Ses parents ont divorcé quand il avait 3 ans. Sa mère a fait une dépression et s'occupait peu de lui. Plus tard, quand il eut 6 ans, elle s'est remariée avec un professeur d'anglais, Guillaume. Guillaume était parfois attentif, tendre et proche de Laurent. Parfois, il lui arrivait d'être violent. Il battait Laurent. Quand l'hématome sur le visage était trop visible, on lui mettait une cagoule. Guillaume aimait aussi l'humilier, le faire manger sur la cuvette des WC ou dehors sur le palier de l'appartement, ou ne pas lui adresser la parole durant des semaines.

Sa mère, devenue restauratrice, rentrait tard du travail. Laurent restait souvent seul à la maison le soir. Il guettait les bruits de l'immeuble, sursautait lorsque la clé entrait dans la serrure. Il avait ses rituels magiques pour conjurer la peur : disposer les couverts bien parallèles le protégerait peut-être.

Comme le petit garçon, les blessures ont grandi et Laurent souffre de dépressions récurrentes et pense souvent au suicide...

Vivre ou survivre avec de telles blessures est possible mais douloureux. Les reconnaître et en identifier les conséquences sur la vie d'adulte peuvent alléger la souffrance.

Une thérapie peut-elle aider ? Certainement, si elle aide à prendre conscience que les dangers qui ont été subis hier ne menacent plus l'adulte aujourd'hui. Cet accès à un sentiment de meilleure sécurité affective est capital et peut passer par le fait d'accepter de ressentir et d'exprimer de la colère à l'égard de ceux qui ont été responsables. Cela permet souvent de se décharger d'une part du fardeau, contribue à diminuer la culpabilité retournée contre soi et aide à cesser de se traiter soi-même avec cynisme ou cruauté.

Des parents nocifs

Tout le monde n'a pas la chance de naître orphelin.

Jules RENARD.

Les parents « toxiques[3] » se sont parfois rendus coupables de sévices psychologiques, physiques, ou sexuels, mais plus souvent, ils ont été absents, dominateurs, critiques, méprisants ou manipulateurs. Évaluer l'impact de ces derniers sur le développement de la personnalité est plus difficile. Leurs comportements sont plus insidieux, plus complexes, plus difficiles à repérer que ceux de parents maltraitants. Ils passent plus facilement inaperçus et peuvent sembler banals. Mais ces attitudes, ces paroles, répétées tout au long de l'enfance causent bel et bien des dommages émotionnels dont les séquelles perdurent à l'âge adulte.

Pour une étude, 200 lycéens britanniques et canadiens ont ainsi accepté de remplir un questionnaire sur les attitudes éducatives de leurs parents : critique, rejet, réassurance, surprotection, etc. Les enfants qui présentaient le plus de symptômes dépressifs étaient ceux dont les parents étaient les plus critiques et cyniques vis-à-vis de leurs enfants. Comme on peut l'imaginer, ces adolescents souffraient d'une mauvaise estime de soi[4].

On se préoccupe souvent peu de la souffrance des enfants qui vivent avec de tels parents. Encore moins des adultes qui ont subi leur influence nocive. Peut-on se libérer de leur emprise ? A-t-on le droit de juger ses parents, de les détester ou de décider de ne plus les voir ? Et surtout, comment ne pas répéter inconsciemment ce cycle infernal de la manipulation affective, du mépris ou de la domination avec ses propres enfants ?

Une relation père-fille toxique

« J'ai 40 ans ; je suis mariée et maman. Mon père a toujours été très autoritaire tandis que ma mère était effacée. Je n'ai manqué de rien lorsque j'étais enfant, même si nous ne roulions pas sur l'or. Lorsque mon père s'énervait, nous avions intérêt à faire profil bas.

Mon père s'est toujours moqué de moi, de mes goûts, de mes lectures. Je ne faisais jamais rien d'assez bien. Je n'ai jamais été assez intelligente, assez belle, assez mince… Lorsque j'ai essayé vers 16 ans de commencer à me maquiller, il disait que je ressemblais à une prostituée. Bref, je n'ai jamais su sur quel pied danser. Malgré tous mes efforts, j'étais toujours nulle à ses yeux… Quand je pleurais à cause de ses remarques, il disait que j'étais trop sensible et que je manquais d'humour. Encore de nouvelles critiques !

Quand ma mère est morte, il s'est retrouvé seul… Je vis à dix kilomètres de chez lui. Depuis que je suis mariée, j'essaie de voir la vie autrement, mais il continue son petit jeu. Par exemple, le week-end dernier, il m'a demandé quelque chose contre la grippe. Comme mon mari est pharmacien, il m'a donné un médicament pour lui. Le lendemain, mon père a appelé furieux… Il a hurlé : "Qu'est-ce que c'est que ce truc ? Ton imbécile de mari me prend pour un crétin !" J'ai raccroché, la gorge serrée et les larmes aux yeux. J'étais angoissée, énervée, triste. L'impression d'avoir reçu une gifle. Je n'en peux plus… Mais qu'est-ce que je peux faire ? »

Cette femme sort tout juste d'une période de dépression. Elle cherche à comprendre les facteurs qui influencent sa vulnérabilité. Elle sait que cette relation destructrice avec son père joue un rôle indiscutable sur son humeur, au point qu'elle se demande si elle ne devrait pas simplement cesser de le voir. Son mari lui conseille souvent de lui dire ses « quatre vérités ». Il est prêt à la soutenir dans cette démarche. Mais le commandement biblique « Tu respecteras ton père et ta mère » est trop fort : la culpabilité et la peur l'empêchent d'agir.

Avec l'aide de son thérapeute, elle a finalement décidé de fixer de nouvelles règles et d'instaurer une plus grande distance avec son père, qu'elle voit bien moins souvent. Surtout, elle ne le laisse plus diriger leur relation comme lorsqu'elle était enfant. Hasard ou coïncidence, elle va mieux.

L'enfant anxieux

Tout se joue-t-il avant 6 ans ?
Jour d'école dans une classe de cours préparatoire. La fenêtre est ouverte, on entend les oiseaux. Certains ont la tête penchée sur leur dessin. D'autres s'égayent en chuchotant. Un petit garçon brun, très appliqué, tire la langue en essayant de ne pas dépasser la ligne avec son feutre. Sa voisine, intéressée par ce qu'il fait, se penche désespérément au-dessus de son épaule pour mieux voir.

Lequel de ces enfants fera une dépression à l'adolescence ou à l'âge adulte ? Peut-on le prédire avec certitude ? Aucun test génétique, aucun questionnaire, aucun entretien ne peut aujourd'hui déterminer à l'avance quel enfant souffrira à coup sûr de dépression à l'âge adulte. Pour autant, il est aujourd'hui possible d'identifier des marqueurs de vulnérabilité précoce. Mais cela ne risque-t-il pas d'induire une inquiétude inutile chez l'enfant ou ses parents ? N'est-ce pas contraire à l'éthique ? Ces questions sont d'importance, mais il est fondamental de mieux prévenir la dépression et ses conséquences. Le suicide des jeunes est un drame et une préoccupation majeure de santé publique : ne doit-on pas se doter d'outils efficaces de prévention ?

L'anxiété durant l'enfance est l'un des facteurs de vulnérabilité les plus clairement identifiés de dépression à l'âge adulte[5], mais qu'est-ce que l'anxiété de l'enfant ? Le propre de l'enfance n'est-il pas justement l'insouciance ?

Les enfants ne sont pas à l'abri de l'anxiété, et l'intensité de celle-ci peut être tout aussi puissante que chez l'adulte. La principale différence n'est pas dans la nature ou l'intensité de l'anxiété, mais dans les sujets sur lesquels elle se cristallise. L'enfant anxieux souffre face à deux types de situations principales : la performance et la séparation.

L'ANXIÉTÉ DE PERFORMANCE

C'est l'angoisse de ne pas être à la hauteur, la peur du jugement négatif des autres, l'exacerbation du sentiment d'incompétence : « Serais-je à la hauteur du prochain contrôle ? », « Serais-je capable de passer au tableau sans être totalement ridicule ? », « Pourquoi ai-je tellement mal au ventre le matin en partant à l'école ? », « Comment vont réagir mes parents lorsqu'ils vont recevoir mon bulletin trimestriel ? »

Désespoir précoce

Une collègue pédopsychiatre nous avait décrit un petit garçon de 7 ans très soucieux. Les parents l'avaient sollicitée pour ses mauvais résultats scolaires. En réalité, il était tout à fait dans la moyenne de la classe. Lors de l'entretien, cet enfant avait confié un secret à cette psychiatre, en lui faisant promettre de ne pas en parler à ses parents…

Il lui avait révélé qu'il avait tenté de mourir, par peur de décevoir encore une fois ses parents. Alors il avait bu un verre de savon liquide vaisselle, persuadé que cela suffirait à le tuer. Ayant tout juste eu mal au ventre, il était allé se coucher en pleurant sur son secret.

Cette histoire peut prêter à sourire. Le mal n'est pas grand, mais ce petit garçon voulait vraiment en finir. La pression scolaire peut être, chez certains enfants, une véritable source de souffrance.

L'ANXIÉTÉ DE SÉPARATION

Elle se manifeste chez ces enfants qui redoutent de passer quelques jours loin de la maison. Loin de leurs parents, ils imaginent le pire. Les colonies de vacance et les classes vertes leur sont un calvaire. Toute séparation est une déchirure. Le refus scolaire est souvent une conséquence d'une anxiété de performance ou de séparation massive : l'école est alors perçue par l'enfant comme un lieu source de mal-être, générateur d'angoisses très fortes.

Protéger son enfant contre l'émergence de troubles psychiques à l'âge adulte nécessite donc de se préoccuper de son bien-être affectif durant l'enfance et de prévenir l'émergence d'un mode de fonctionnement anxieux. Comment ? En l'écoutant, en l'autonomisant et en lui apprenant à mieux gérer les facteurs de stress qu'il vit au quotidien, à l'école, avec ses pairs, à la maison ; en évitant aussi d'ajouter de la pression scolaire s'il est déjà anxieux ; éventuellement en demandant conseil au pédiatre ou au pédopsychiatre s'il semble souffrir d'une anxiété durable, envahissante et difficile à apaiser.

L'adulte anxieux

L'insouciance est l'art de se balancer dans la vie comme sur une escarpolette, sans s'inquiéter du moment où la corde cassera.

Honoré DE BALZAC.

Les enfants anxieux, nous l'avons dit, ont un risque un plus élevé de dépression à l'âge adulte car ce mode de fonctionnement psychique peut perdurer et conduire au développement d'une anxiété pathologique de l'adulte. Or les troubles anxieux font, à tout âge, le « lit » de la dépression.

Attaque d'angoisse, crise de spasmophilie ou réaction d'alarme physiologique ?

La peur est une sensation normale, physiologique, indispensable à la survie de l'homme. Selon les circonstances, elle peut se manifester sous des visages différents, de la simple crainte ou inquiétude à l'angoisse, la détresse et même la terreur.

L'attaque de panique est ainsi une crise d'angoisse paroxystique insupportable, souvent confondue avec une crise de « spasmophilie ». Elle est la conséquence de l'emballement du système cérébral de réaction au danger. Ce puissant mécanisme d'alerte biologique est indispensable pour faire face aux situations d'urgence vitale imminente : lors d'une agression par exemple, le cerveau envoie un message immédiat aux glandes surrénales qui libèrent de l'adrénaline massivement dans le sang. Cette hormone, en accélérant les battements du cœur, la respiration et le métabolisme, facilite la fuite ou le combat. Cette bouffée d'adrénaline peut sauver la vie en permettant de courir, s'enfuir, réagir vite…

Il se trouve que certains sujets ont un système d'alarme particulièrement sensible, susceptible de s'activer dans des situations ne nécessitant ni fuite ni combat. Un état de tension émotionnelle, un souvenir désagréable ou une sensation physique inhabituelle sont susceptibles d'embraser ce circuit d'alerte neurobiologique.

Le sujet fait la queue dans un grand magasin, est en pleine conversation dans un bureau ou s'allonge pour une nuit de sommeil lorsque l'alerte est subitement déclenchée. L'orage hormonal prépare l'organisme à une action immédiate : palpitations, essoufflement, bouffées de chaleur, sueurs, tremblements. Cette réaction physiologique inopinée et violente est d'autant plus terrifiante qu'elle survient au repos. La peur de faire un malaise ou une crise cardiaque, l'impression de perdre le contrôle ou de devenir fou sont fréquentes.

Ces attaques de panique peuvent devenir récurrentes, fréquentes, handicapantes ; la crainte d'un nouvel accès entraîne un pénible

sentiment d'insécurité permanente qui peut conduire à une anticipation anxieuse constante et à tenter d'éviter les lieux ou les situations susceptibles de le déclencher. La peur de la peur crée alors un véritable cercle vicieux qui, à terme, épuise et peut mener à la dépression.
Il existe une solution simple et efficace pour bloquer l'attaque de panique : la respiration abdominale profonde. La première étape est celle d'une inspiration très lente par la bouche qui doit durer au minimum 15 à 30 secondes, en gonflant d'abord le ventre, puis en emplissant ensuite thorax, très progressivement. Durant la deuxième étape, il faut retenir sa respiration durant 15 à 30 secondes – sans excéder ses capacités – tout en contractant les muscles abdominaux (ce qui contribue à freiner la sécrétion l'adrénaline). La troisième étape est celle d'une expiration lente et complète (on peut utiliser une paille pour s'entraîner à inspirer et à expirer lentement).

Lorsque la peur se manifeste de façon anormale et imprévisible, ou lorsque son intensité est sans commune mesure avec l'événement déclenchant, elle devient une maladie à part entière. Trouble anxieux généralisé, trouble panique, phobie sociale, état de stress posttraumatique et troubles obsessionnels compulsifs sont les cinq formes pathologiques les plus fréquentes.

Ces différents troubles anxieux fragilisent fortement face au risque de la dépression. Près de 90 % des patients qui en souffrent sont ou seront concernés par la dépression[6]. D'où l'intérêt considérable de mieux les dépister et de les traiter, d'autant qu'ils sont fréquents, se soignent et se guérissent efficacement. Soigner la dépression sans soigner le trouble anxieux sous-jacent revient à tenter de remplir une baignoire sans mettre la bonde !

Mieux guérir et prévenir la dépression passe donc par une meilleure reconnaissance et prise en charge de ces différents troubles anxieux. Il existe dans ce domaine des outils efficaces.

	Trouble anxieux généralisé	Trouble panique	Phobie sociale	État de stress posttraumatique	Trouble obsessionnel compulsif
Symptômes psychologiques	Inquiétude permanente, flottante sans événement extérieur qui l'explique. Tendance à se faire du « mauvais sang » pour tout, en permanence. Difficultés d'endormissement (avec ruminations mentales obsédantes dites « mentisme »).	Crises d'angoisse paroxystique (attaques de panique) répétées, parfois fréquentes, s'accompagnant d'une anxiété anticipatoire massive (peur d'une nouvelle attaque de panique). Peur de devenir fou ou de perdre le contrôle et peur de mourir durant l'attaque de panique (souvent, peur d'avoir une crise cardiaque).	Trac, anxiété sociale massive, sentiment d'être sans intérêt et difficulté à soutenir le regard des autres dans différentes situations sociales : réunions, présentations, oraux d'examens, soirées avec des inconnus…	Il débute suite à un événement traumatique particulièrement angoissant : catastrophe, agression, perte d'un être très aimé… Passé la réaction initiale, le souvenir de l'événement va devenir envahissant, angoissant et durable. Ce souvenir se manifeste sous forme de cauchemars, de flash-back (images mentales de l'événement). Irritabilité, perte de confiance en soi.	Pensées obsédantes répétitives et continuelles qui s'imposent à l'esprit sans que l'on parvienne à les chasser. Elles concernent le plus souvent l'ordre, la propreté, la peur des microbes, la religion, la sexualité… Elles sont sous-tendues par une anxiété puissante.

Symptômes physiques	Sueurs, maux d'estomac, diarrhée, envies fréquentes d'uriner, mains froides, bouche sèche, vertiges, maux de tête…	Palpitations, halètement et sensation d'étouffement, sueurs, vertiges, fourmis dans les membres, bouffées de chaleur, nausées, diarrhée, envies d'uriner, bouche sèche…	Rougissements, sueurs, voix mal assurée et tremblante, palpitations, moiteur des mains, bouffées de chaleur, maux de ventre.	Hyperexcitabilité et hypervigilance : sursaut au moindre bruit	
Comportements	Recherche permanente de réassurance auprès des proches.	Évitement des situations où les attaques de panique se sont produites (grands magasins, transports en commun, voiture…). Lorsque ces évitements deviennent gênants, on utilise le terme d'agoraphobie.	Évitements des situations sociales anxiogènes. Ces évitements aggravent l'anxiété sociale plus qu'ils ne l'apaisent et conduisent parfois à un isolement et à une désinsertion socio-professionnelle.	Évitements marqués des lieux et des personnes qui tendent à rappeler le souvenir traumatisant. Ces évitements peuvent conduire à un véritable isolement.	Vérifications, rangements, rituels, lavages compulsifs. Certains se lavent ainsi les mains des dizaines de fois dans la journée, d'autres sont obligés d'aligner les objets symétriquement.
Prévalence en population générale	3 %	3 %-5 %	3 %-5 %	5 %	2 %

Certaines psychothérapies, en particulier les thérapies comportementales et cognitives, ont clairement montré leur effet à relativement court terme. Des médicaments sont parfois nécessaires, notamment les antidépresseurs qui agissent sur la sérotonine. Le bénéfice d'un traitement adapté se fait surtout sentir au quotidien car il permet de retrouver une meilleure qualité de vie.

Le développement de la personnalité

Tout comme le corps, la personnalité se façonne lentement au cours de l'enfance et de l'adolescence, sous l'influence de l'inné et de l'acquis. Le développement de la personnalité, comme celui du corps, est en grande partie abouti au début de l'âge adulte ; chaque personnalité est unique et forge une identité particulière : vie relationnelle, comportements, relations sociales… Les liens entre la dépression et la personnalité sont particulièrement complexes : d'une part, la dépression peut modifier profondément la personnalité, d'autre part, certains troubles de la personnalité fragilisent face au risque de dépression.

Un changement radical de personnalité

La dépression exacerbe les traits de personnalité et peut créer l'illusion qu'il existe un trouble de la personnalité. Un collègue nous avait un jour adressé une de ses amies, infirmière, qu'il décrivait comme « charmante et douce », mais qui, dans les faits, était une sorte de mégère irritable, acariâtre, désagréable et fort critique avec le personnel hospitalier que nous avons dû accueillir dans le service. Pourtant, notre collègue avait raison : quelques semaines plus tard, cette dame était redevenue discrète, élégante et charmante… Elle avait souffert d'une dépression dite « hostile » à expression caractérielle.

Certains troubles de la personnalité augmentent clairement la vulnérabilité face à la dépression : les personnalités anxieuses sont particulièrement à risque (surtout les personnalités *dépendantes* et *obsessionnelles).* Les troubles de la personnalité borderline exposent également à un risque élevé de dépression.

La classification américaine des troubles de la personnalité selon le DSM-IV

Dans la classification américaine actuellement utilisée par les psychiatres, les différents troubles de la personnalité ont été regroupés au sein de trois groupes :
– *Les personnalités méfiantes* (groupe A) : paranoïaque (méfiance, hypertrophie du moi, psychorigidité), schizoïde (préférence pour la solitude et l'isolement, froideur affective) et schizotypique (bizarreries, excentricités, croyances magiques).
– *Les personnalités flamboyantes* (groupe B) : histrionique (théâtralisme, dramatisation, besoin constant d'attirer l'attention sur soi, émotivité), narcissique (sentiment de supériorité : les autres sont là pour le servir), antisociale (intolérance à la frustration, refus de l'autorité, comportements délictueux) et borderline (impulsivité, intolérance à l'ennui et à la solitude, sentiment de vide intérieur, conduites à risque).
– *Les personnalités anxieuses* (groupe C) : dépendante (dépendance à l'autre, faible autonomie personnelle), évitante (évitement des situations sociales) et obsessionnelle compulsive (perfectionnisme, souci permanent de l'ordre et de l'organisation, rigidité).

L'existence d'un trouble de la personnalité ne signifie pas que la personnalité est anormale – il n'y a pas de normalité en ce domaine ! –, mais simplement qu'elle est fragile et qu'elle engendre un mode de fonctionnement affectif et relationnel responsable d'une souffrance importante pour le sujet et pour ses proches.

Personnalité borderline et dépression : une liaison dangereuse

La personnalité borderline se caractérise par le sentiment de vide intérieur, l'intolérance à la solitude, l'impulsivité, l'instabilité de l'humeur et l'hyperréactivité émotionnelle (irascibilité, explosivité, crises de colère violente et destructrice). La mauvaise estime de soi est une caractéristique centrale de ces personnalités fragiles qui sont souvent diagnostiquées chez des femmes ayant été victimes de traumatismes infantiles : abandons, maltraitance, abus sexuels, inceste… Le risque suicidaire est important, et les conduites dangereuses sont particulièrement fréquentes : abus d'alcool et de drogues, partenaires sexuels multiples, automutilations et scarifications des avant-bras, des cuisses ou du tronc…

Être suffisamment résilient face aux événements de vie douloureux suppose une bonne maturité des fonctions cognitives, émotionnelles et sociales. Les blessures de l'enfance, les troubles anxieux et la fragilité de la personnalité sont des déterminants majeurs du mode de fonctionnement psychique global de l'adulte.

Or ce mode de fonctionnement psychique joue un rôle primordial dans la capacité à être optimiste ou pessimiste, à avoir des attentes réalistes ou irréalistes, à gérer les obstacles qui surviennent ou à s'effondrer devant eux. Ou bien encore de savoir se satisfaire et tirer profit de ses talents et de son environnement, sans se dévaloriser ou s'hypervaloriser, sans se critiquer en permanence, sans dépendre du regard des autres. Comme l'affirmait Sénèque, « être esclave de soi est le plus pénible des esclavages » !

CHAPITRE 5

Vulnérabilité et résilience

Deuils, solitude, perte, séparation, licenciement ou tensions professionnelles, l'environnement de vie est un puissant déterminant du risque dépressif. Comment ces facteurs peuvent-ils entraîner vers le gouffre de la maladie ? Peut-on se prémunir de ce risque ? Pourquoi les femmes sont-elles plus vulnérables que les hommes face à la dépression ? Existe-t-il des facteurs de protection face à la dépression ?

Les facteurs de vulnérabilité

Solitude, deuils, divorce, perte d'un emploi, promotion, chômage, retraite, maladie… un jour ou l'autre, nous subissons tous l'un de ces événements, mais seuls certains d'entre nous souffriront d'une dépression…

Le rôle précipitant des événements de vie

Un tube de nitroglycérine n'explose après un choc que lorsque le tube a été préalablement fortement secoué. De la même façon, les événements de vie, même très douloureux, ne sont pas à eux seuls la cause unique de la survenue d'une dépression : il faut une vulnérabilité préalable. Comme nous l'avons précisé, l'hérédité, la personnalité, l'anxiété, l'histoire individuelle et les expériences antérieures déterminent conjointement cette vulnérabilité.

La relation entre événements de vie difficiles et dépression est plus complexe qu'il n'y paraît. La perte d'un emploi ou un divorce n'est parfois que l'une des conséquences d'un état dépressif préexistant et non sa cause : les difficultés de concentration, la fatigue et l'autodévalorisation peuvent entraver fortement les capacités professionnelles, et l'irritabilité, l'absence d'envie sexuelle et la perte de la capacité à ressentir du plaisir sont de puissants motifs de discorde ! Au fond, le fait d'être déprimé augmente le risque de vivre plus d'événements de vie négatifs ou désagréables, lesquels sont souvent pris pour la cause de la dépression, alors qu'en réalité ils en sont la conséquence.

Les facteurs de risque de dépression concernent essentiellement trois domaines : le passé, les caractéristiques individuelles et les événements de vie présents. Bien que distincts, ces domaines ont des racines communes.

Les principaux facteurs de vulnérabilité de dépression

Ce qui relève du passé :

– Les antécédents familiaux de dépression.

– Les traumatismes durant l'enfance.

– Des parents « toxiques ».

– Avoir déjà souffert de dépression par le passé.

Les caractéristiques personnelles et psychologiques :

– Le sexe féminin.

– Une estime de soi défaillante.

– Des difficultés d'affirmation de soi.

– Les traits et les troubles de la personnalité.

– L'anxiété pathologique.

– Certaines maladies physiques (par exemple : troubles de la glande thyroïde).

L'environnement présent et les événements de la vie :

– L'épuisement psychique (syndrome de « burn-out »).

– Les événements de vie difficiles (deuils, agressions, ruptures sentimentales, licenciements, etc.).

– Les changements importants (grandes étapes de la vie, promotions…).

– Les conflits conjugaux.

– L'accouchement.

– L'isolement et la solitude.

– La précarité et les difficultés socio-économiques (chômage, RMI, etc.).

– L'abus d'alcool et de substance.

– Le sevrage en psychostimulants (tabac, café, anorexigènes, etc.).

Nombre de personnes présentent un ou plusieurs de ces facteurs sans avoir souffert de dépression. Parmi tous ces facteurs, celui qui joue le rôle le plus déterminant est le fait d'avoir déjà subi une dépression par le passé. Après un épisode dépressif, le risque de rechute est de 50 % au cours de la vie. Après deux épisodes, le risque augmente à 70 %... Chaque nouvel épisode dépressif est un coup de boutoir supplémentaire qui fragilise face au risque de récidive.

Ce constat rend compte de la nécessité d'une prise en charge précoce de la dépression et de l'importance de la mise en place de stratégies de prévention efficaces à long terme.

DU *BURN-OUT* À LA DÉPRESSION D'ÉPUISEMENT

Si le travail c'est l'opium du peuple, alors je ne veux pas finir drogué...

Boris VIAN.

« Burn-out » ou incendie intérieur : l'apparence est intacte mais l'intérieur est totalement vidé. Comme un immeuble dont les appartements sont carbonisés mais dont la façade est demeurée intacte. Les victimes s'épuisent mentalement et physiquement à force d'objectifs et de tâches professionnelles insurmontables ou vécus comme tels. La fréquence de ce type de dépression augmente parallèlement à la pression et aux exigences professionnelles actuelles.

Les premiers signes du *burn-out* sont la fatigue, l'irritabilité et la démotivation. Si la dépression d'épuisement semble survenir brutalement, elle est en réalité l'aboutissement d'une tension permanente durant de longs mois. Certaines professions semblent plus exposées (enseignants, infirmières, cadres), de même que certains individus semblent plus vulnérables. La propension à l'anxiété, le perfectionnisme et la méticulosité, une conscience professionnelle très élevée et une incapacité à déléguer sont des caractéristiques souvent retrouvées chez les victimes du syndrome de « burn-out ».

La guérison passe souvent par une coupure temporaire d'avec le milieu professionnel, plus rarement par un changement total de cap professionnel ou même par une redéfinition réelle et profonde du mode de vie. Ce temps de repos ou de transition permet une nécessaire réévaluation de ses aspirations professionnelles et personnelles, tout en prenant conscience de ses limites.

Redéfinir des objectifs professionnels réalistes, assouplir le niveau d'exigence, apprendre à déléguer, améliorer les relations avec les collègues sont des objectifs qui auront des conséquences bénéfiques pour la reprise d'activité. Cultiver son temps libre, mieux investir sa vie familiale et ses loisirs peuvent permettre de diminuer la charge de stress psychologique. L'objectif est avant tout d'apprendre ou de réapprendre à introduire du plaisir dans son activité professionnelle.

Le piège du harcèlement professionnel

Le harcèlement moral a toujours existé, mais sa reconnaissance par la loi est récente. La précarisation de l'emploi empêche souvent la victime de fuir la situation en allant prospecter ailleurs un nouveau poste. Restructurations massives, stratégies d'entreprise agressives ou encore perversité du manager en sont les causes principales.

La difficulté est souvent de faire la différence entre management « agressif » et harcèlement caractérisé. D'autant que certains salariés sont plus fragiles que d'autres. Une absence de soutien ou de reconnaissance, de la part de la hiérarchie ou des collègues, est un des facteurs aggravants des effets du harcèlement moral au travail.

Les principales formes que peut prendre le harcèlement professionnel

– Conditions de travail dégradantes
– Mise au « placard »
– Absence ou refus de toute communication
– Surcroît ou privation abusive de travail
– Tâches dépourvues de sens ou missions clairement au-dessus des compétences
– Critiques incessantes, sarcasmes répétés, brimades, humiliations
– Propos calomnieux, insultes, menaces

Les proches, le médecin traitant, le médecin du travail, sont des interlocuteurs qui peuvent conseiller utilement. Dans tous les cas, si la situation est devenue insupportable, il faut solliciter une aide sans délai assortie d'un arrêt de travail.

Les conséquences du harcèlement en termes de dépressions, voire de risque suicidaire, sont aujourd'hui bien connues. Elles imposent une prudence particulière et incitent à ne pas hésiter à se faire aider. Parfois, il faut aussi savoir décider de partir : « Choisissez un travail que vous aimez et vous n'aurez pas à travailler un seul jour de votre vie. » On aimerait tant pouvoir suivre ta sage recommandation cher Confucius.

Les femmes et les hommes sont-ils égaux face au stress ?

Les femmes ont deux fois plus de risque de subir une dépression au cours de leur vie que les hommes. Est-ce lié à l'accroissement des charges de vie qui pèsent sur elles, entre carrière professionnelle, éducation des enfants et tâches ménagères ?

Des chercheurs américains de l'université de Virginie[1] ont voulu savoir si les femmes et les hommes subissaient psychologiquement de la même façon les événements de vie stressants. Leur étude a permis de suivre durant dix ans une cohorte « pharaonique » de 5 000 paires de jumelles et de jumeaux nés entre 1934 et 1974. Il est apparu que les femmes ne déclaraient globalement pas plus d'événements de vie stressants que les hommes. Présentaient-elles alors une sensibilité accrue face à leurs effets dépressifs sur l'humeur ? C'est ce que suggère l'étude. En outre, les femmes étaient plus sensibles à l'impact de problèmes relationnels ou familiaux (perte d'un(e) ami(e), maladie d'un membre de la famille) tandis que les hommes semblaient nettement plus affectés par les difficultés professionnelles et matérielles.

Au-delà de ce constat, l'augmentation du risque de dépression chez les femmes pourrait aussi être liée à des facteurs biologiques, génétiques ou hormonaux n'ayant strictement rien à voir avec la sensibilité face aux événements de vie stressants : la dépression postnatale par exemple semble – au moins partiellement – liée au sevrage hormonal qui suit la naissance. Par ailleurs, ce sont les hommes qui ont le risque le plus élevé de dépression après le divorce ou la séparation d'avec leur conjoint ; cela explique sans doute en partie l'excès de mortalité chez les veufs. Le sexe faible n'est pas toujours celui qu'on croit !

Sous influence

« Tout est poison, rien n'est poison, c'est la dose qui fait le poison. » Paracelse avait sans doute raison, mais ce médecin suisse du XVIe siècle, inventeur du laudanum, une puissante teinture d'opium, cherchait surtout à se défendre contre des accusations d'empoisonnement…

La consommation d'alcool et de drogues remonte à la nuit des temps. Même si l'invention de la distillation et le nom *al kohol* (subtil) sont dus aux Arabes, la production de boissons alcoolisées par fermentation existait déjà il y a six mille ans. Elle est documentée chez les Sumériens, les Babyloniens et dans l'ancienne Égypte où existaient des tavernes à bière ! Les hommes ont également découvert très tôt les propriétés psychoactives de certains végétaux. Le pavot à opium, originaire du Moyen-Orient ou de l'Asie Mineure, est connu depuis des milliers d'années ; les Sumériens le qualifiaient de « plante de la joie » et il était largement utilisé par les pharaons de l'ancienne Égypte. Quant au chanvre, il était déjà utilisé en Chine il y a six mille ans.

L'ALCOOL

L'alcool est une très petite molécule qui circule aisément à l'intérieur du cerveau et se fixe sur de nombreux récepteurs. Il agit sur plusieurs systèmes neurobiologiques fondamentaux dans la gestion des émotions (anxiété, tristesse), de la mémoire et de la concentration (par le biais de neurones à GABA, à glutamate, à sérotonine et à acétylcholine). En outre, l'alcool désorganise les membranes cellulaires des neurones en dissolvant les phospholipides qui en constituent l'enveloppe protectrice. À long terme, la capacité de résilience cérébrale est dépassée et des troubles dépressifs et cognitifs s'aggravent progressivement. Heureusement, la plupart de ces troubles sont réversibles à l'arrêt de l'alcool : à condition d'un sevrage total, la récupération survient en quelques semaines ou quelques mois.

Les relations entre dépression et consommation abusive d'alcool sont complexes. Une consommation massive d'alcool peut déclencher une réaction dépressive, voire une dépression franche. À l'inverse, de nombreux patients déprimés qui n'avaient pas de réel problème d'alcool avant leur dépression se mettent à abuser de cette substance durant la maladie. Probablement parce que l'alcool semble apporter un relatif soulagement.

Alcoolique ou déprimée ?

Martine, 57 ans, nous relate une enfance plutôt heureuse. Elle vit seule dans son appartement parisien. Elle aime le vin blanc et le champagne. Elle veut tout de suite nous rassurer : elle n'est pas « alcoolique ».

Elle ne boit pas plus de deux ou trois verres par repas. Tous les jours, presque sans exception. Cela lui permet de se détendre, de ne pas trop penser à l'avenir. Elle aime le goût et la sensation de plaisir. En plus, avec sa nature timide, elle se sent plus à l'aise pour communiquer avec les gens.

Elle s'assombrit et nous confie que depuis qu'elle est déprimée, elle ne peut pas s'empêcher de boire plus que d'habitude. Cela lui fait vraiment du bien sur le moment. Pourtant, sa dépression semble s'aggraver, en dépit d'un traitement antidépresseur.

Lorsque nous lui proposons une courte hospitalisation pour sevrage total et observation, elle se rebiffe : « Impossible. Qui va s'occuper de ma voisine, très âgée ? Et il n'y a personne pour garder le chien… »

Finalement, l'hospitalisation se passera bien. Le jour de la sortie, Martine semble reposée et rajeunie. Les traits de son visage sont plus sereins. Son humeur s'est apaisée.

Cette amélioration de courte durée est due à son effet anxiolytique, grisant et désinhibiteur. À moyen terme en revanche, les performances intellectuelles, la motivation et la mémoire sont très fortement diminuées. L'alcool est « dépressogène » car il aggrave et chronicise les symptômes de la dépression. Il rend également résistant aux traitements de la dépression. À long terme, des lésions cérébrales irréversibles peuvent survenir et s'accompagner d'autres atteintes tissulaires disséminées (le foie, l'œil, les nerfs, l'estomac…).

Un sevrage total est donc souvent une aide efficace vers la guérison de la dépression et vers la récupération complète des dommages causés par l'alcool. Ce sevrage nécessite parfois une

Dépistage de la dépendance à l'alcool

Ces quelques questions peuvent aider à dépister une éventuelle dépendance à l'alcool :

– Consommez-vous tous les jours de l'alcool ?

– Consommez-vous dans la journée au moins trois verres d'alcool (vin, bière, etc.) ?

– Vous fixez-vous des règles pour tenter de contrôler votre consommation d'alcool (par exemple : pas d'alcool avant 18 heures) ?

– Avez-vous eu tendance à augmenter votre consommation au cours des derniers temps ?

Si vous avez répondu OUI à au moins trois de ces questions, l'hypothèse d'une dépendance débutante ou plus installée devrait être discutée avec votre médecin. Ce dernier peut proposer différentes stratégies de prise en charge efficaces de ce problème.

hospitalisation brève : lorsque la dépendance à l'alcool est forte, les premiers jours peuvent en effet se révéler très difficiles. Des crises d'angoisse, des tremblements, d'horribles cauchemars et des troubles graves du comportement peuvent alors survenir : une prise en charge médicale attentive permet d'éviter ces symptômes de delirium tremens.

LE CANNABIS

Si l'effet de l'alcool sur le risque de dépression et d'anxiété est bien déterminé, celui du cannabis commence à être mieux connu. La précocité et la massivité de l'abus sont des facteurs déterminants : une étude australienne sur 3 000 adolescents a ainsi montré que la consommation précoce avant 15 ans multiplie par trois le risque de dépression[2] !

Par ailleurs, la consommation massive de cannabis peut entraîner un véritable *syndrome amotivationnel* : perte d'énergie et de motivation, indifférence affective, puis incapacité à accomplir les tâches de la vie quotidienne et désinsertion scolaire ou professionnelle progressive. Cet état ressemble fort à de la dépression, mais il régresse en général spontanément quelques semaines après l'arrêt du cannabis.

LE SEVRAGE

L'alcool et les drogues, bien qu'ils procurent un effet agréable ou apaisant, peuvent donc déclencher, masquer ou aggraver un état dépressif. Le traitement le plus efficace est le sevrage total et durable. C'est une étape décisive et difficile, déterminée par la capacité de prise de conscience de l'addiction, par le niveau de motivation et par l'acceptation d'une aide médicale et psychologique souvent indispensable.

Il faut également signaler que l'arrêt trop brutal de la prise de substances psychostimulantes comme le café, le thé, le tabac ou les amphétamines peut déclencher une réaction dépressive parfois sévère.

Les facteurs de résilience

Le vase peut se vider, mais il peut aussi se remplir : puisque l'on évoque différents facteurs de vulnérabilité, pourquoi ne pas envisager de facteurs de protection ou de résilience ? Ces facteurs de résilience demeurent encore peu connus, car les chercheurs ont mis beaucoup de temps avant de commencer à tenter de les identifier : la démarche médicale se focalise généralement davantage sur les facteurs de risque que sur les facteurs protecteurs…

Certains de ces facteurs de protection sont l'opposé des facteurs de risque : bonne estime de soi et stabilité émotionnelle, famille présente et soutenante, intégration socioprofessionnelle de qualité, exercice sportif régulier, etc. D'autres facteurs réputés protecteurs semblent plus mystérieux : ainsi, la pratique d'une religion pourrait jouer un rôle protecteur.

Les oméga-3 protègent-ils contre la dépression ?

Certaines études suggèrent le rôle potentiellement bénéfique des oméga-3 (particulièrement des EPA et DHA) sur la dépression[3], mais leur efficacité thérapeutique semble faible et mal établie[4]. Voilà pourquoi ces acides gras sont peu prescrits par les spécialistes de la dépression, en dépit de l'engouement suscité dans les médias.

Actuellement, une seule étude sérieuse (c'est-à-dire réalisée selon les standards de qualité actuellement requis pour commercialiser un nouveau traitement[5]) est publiée ; elle concerne un groupe réduit de seulement 30 patients, suivis sur une durée trop courte (un mois). De nouvelles études pourraient apporter des éléments de réponse plus convaincants.

L'effet mystérieux de la pratique religieuse

Que penser de l'influence protectrice de la pratique d'une religion à l'égard de la dépression et du suicide ? Cette influence protectrice a été confirmée par plusieurs études sérieuses et indépendantes[6].

La religiosité possède plusieurs dimensions. Elle favorise l'accès à un groupe social resserré dont les membres se soutiennent mutuellement. La pratique religieuse structure l'action et inscrit dans un rituel quotidien qui peut limiter les tendances dépressives à la rumination morbide. Enfin, la religion permet le partage de valeurs communes et de croyances qui permettent dans une certaine mesure de contrer les schémas de pensée négatifs de la dépression (sentiment qu'un être supérieur veille sur nous ; que l'on n'est pas totalement seul dans l'univers ; la mort n'est qu'une séparation temporaire ; les souffrances terrestres sont utiles pour accéder à l'au-delà ; l'âme a une grande valeur spirituelle, donc on ne peut pas être totalement dénué d'importance...).

Finalement, ce sont les diverses facettes sociales et cognitives de la pratique religieuse qui favorisent les capacités de sublimation et expliquent son effet protecteur. Dans ce contexte, toute vie spirituelle riche, même athée (par exemple celle qui est décrite par André Comte-Sponville[7] : plénitude de l'instant présent, amour et acceptation) peut potentiellement engendrer les mêmes bénéfices.

Cultiver l'estime de soi

Concrètement, agir pour mieux se protéger contre la dépression passe par une meilleure connaissance de son mode de fonctionnement, de ses limites physiques et psychiques et parfois aussi, par de profonds changements de vie. L'existence d'un étayage affectif et social de qualité, les capacités de communication, de gestion émotionnelle et de prise de distance sont des facteurs protecteurs indiscutables. L'amélioration de l'estime de soi, de son environnement de vie et de ses relations avec les autres est également une clé pour la guérison. Une estime de soi basse rend plus vulnérable face à la dépression : améliorer cette estime de soi est possible. Au-delà de la diminution du risque de dépression, cela permet aussi de vivre mieux !

Améliorer l'estime de soi

L'amélioration de l'estime de soi est l'un des pivots de la psychothérapie appliquée à la dépression. En voici les points principaux[8] :
– Cesser de se critiquer, face aux autres ou intérieurement : nous détestons cela quand nos ennemis le font, alors pourquoi le faire nous-même !
– Cesser de se comparer aux autres : que ce soit à notre avantage ou pas, nous comparer ne nous aide pas à cultiver notre sentiment d'autonomie et de liberté.
– Se recentrer sur les fondamentaux : « Quels sont mes envies ? mes rêves ? Qu'est-ce qui me rend vraiment heureux ? »
– Accepter d'envisager des changements de vie (professionnels, personnels) pour tenter de se mettre en accord avec ses valeurs et ses besoins profonds.
– Limiter les contacts avec ceux qui ont une influence néfaste sur l'estime de soi (collaborateurs, amis ou parents « toxiques »).
– Prendre conscience que notre seul bien véritable est notre temps ; pour s'en convaincre, ne pas hésiter à se replonger dans, *La Brièveté de la vie* de Sénèque !
– Se simplifier la vie autant que possible en « élaguant » ce qui fait perdre inutilement du temps et de l'énergie et qui ne rend pas heureux ; tenter de faire de chaque instant un moment précieux, et de chaque jour une vie…
– Prendre le temps d'être avec ceux que l'on aime et prendre aussi du temps pour soi.
– Tenter de rétablir l'harmonie dans son environnement affectif, familial et professionnel ; tenter aussi de rendre ceux que l'on aime heureux : c'est un excellent traitement de l'estime de soi pour toute la famille !

CHAPITRE 6

La dépression laisse des traces

Si la dépression survient le plus souvent une seule fois au cours de la vie, la maladie s'inscrit parfois dans la durée : tendance à la récurrence, parfois à la chronicisation. Les conséquences psychologiques, la souffrance et l'impact familial, social, professionnel de ces formes récurrentes ou chroniques sont souvent considérables. La dépression laisse trop souvent, hélas, des cicatrices... Que signifie le concept d'épuisement neuronal ? Y a-t-il des facteurs qui augmentent le risque de rechute ? Que faire pour tenter de s'en protéger ? Comment agir pour éviter qu'un épisode unique ne se transforme en véritable chemin de croix ?

Épisode sans lendemain ou maladie au long cours ?

Dans la mythologie grecque, Sisyphe défia les dieux. Fils d'Éole et fondateur de Corinthe, il était reconnu comme le plus astucieux des hommes. Il parvint à déjouer la mort elle-même en l'enchaînant avant qu'elle ne puisse le conduire aux rives du Styx. S'apercevant que personne ne mourrait plus, Zeus furieux envoya Arès délivrer la mort…

Pour avoir osé défier les dieux, Sisyphe fut condamné à rouler éternellement une pierre jusqu'en haut d'une colline ; chaque fois qu'il venait de gravir la montagne jusqu'au sommet, le rocher roulait tout en bas et Sisyphe devait recommencer sa lente ascension.

À l'instar de Sisyphe, le déprimé doit souvent subir le supplice de pénibles rechutes. Mais, malgré l'absurdité du destin, « il faut imaginer Sisyphe heureux », nous dit Albert Camus : tentons tout au moins d'imaginer Sisyphe courageux et tenace !

Non traitée, la dépression dure des mois

Sans traitement, la dépression dure en moyenne six à dix mois, c'est donc un épisode ayant un début et une fin. Le plus souvent, cette fin est spontanée, elle finit par advenir même sans médication mais au prix d'une longue et pénible attente.

Pourquoi alors soigner une maladie que l'organisme est susceptible de vaincre seul ?

La première raison est qu'il n'y a aucune raison de souffrir plusieurs mois alors que l'on peut être soulagé plus rapidement. Cela ne viendrait à l'idée de personne de ne pas prendre de

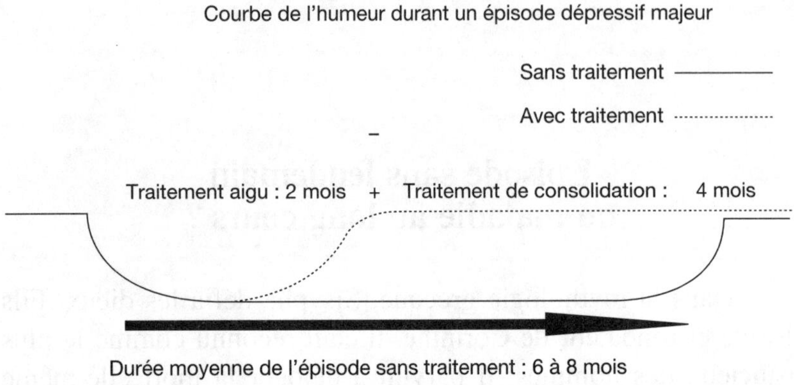

traitement antidouleur pour une terrible crise de sciatique simplement car cela finira bien pas s'arrêter un jour ou l'autre ! La douleur morale n'est pas moindre que la souffrance physique et il est tout aussi inutile et inhumain de ne pas apaiser la torture mentale de la dépression.

La seconde raison est fournie par des études récentes qui suggèrent que plus la dépression dure, plus elle risque de se chroniciser, de récidiver ou de résister au traitement. Des chercheurs ont même introduit le concept de « cicatrices neuronales » de la dépression. Une première dépression insuffisamment soignée peut en effet évoluer vers une maladie prolongée dont les séquelles émotionnelles et cognitives sont parfois dévastatrices : la précocité du traitement est donc une composante clé d'une guérison efficace.

Les symptômes résiduels : une guérison partielle

Parfois, des symptômes résiduels persistent après la dépression. Ce sont des signes et des symptômes atténués de dépression qui demeurent même après l'amélioration de l'épisode.

Ces symptômes modérés mais durables sont dans certains cas la persistance d'une fatigue insidieuse, l'existence de difficultés de mémoire et de concentration, ou bien encore des douleurs corporelles ou des troubles du sommeil...

Un intérêt particulier est aujourd'hui porté à la persistance de symptômes résiduels, depuis que nous savons qu'ils représentent un important facteur de risque de rechute dépressive[1].

Une maladie récurrente dans près d'un cas sur deux...

En moyenne, les patients dépressifs présenteront quatre épisodes au cours de leur vie, d'une durée d'environ cinq mois chacun[2]. Un déprimé sur deux souffrira de récurrences après un premier épisode de la maladie, après deux ou trois épisodes, ce risque passera à 70 % voire à 80 %[3].

Une équipe du NIMH, l'Institut de santé mentale américain, a suivi plus de 400 personnes dépressives sur une longue durée[4]. Le pourcentage de patients guéris après six mois de traitement n'était que de 50 %, et 12 % des patients souffraient encore de dépression au bout de cinq ans. Ces chercheurs ont constaté que le pourcentage de guérison était inversement proportionnel à la durée de la maladie dépressive : plus la dépression dure, plus elle devient *difficile à guérir*... La dépression peut donc évoluer vers une maladie dépressive chronique ou récurrente, dont les épisodes successifs risquent d'assombrir considérablement l'avenir. Néanmoins, cette tendance à la récurrence n'est pas inéluctable : c'est la raison pour laquelle il est crucial de dépister tôt, de soigner le plus efficacement possible dès le premier épisode et de tout mettre en œuvre pour préserver contre la rechute.

Récurrence, rechute et rémission : les définitions médicales précises de la dépression

Quelle est la différence entre rechute et récurrence d'une part, entre rémission et guérison d'autre part ? Ces définitions, bien qu'un peu techniques, permettent de mieux comprendre les différentes phases évolutives de la dépression et du traitement.

– *La récurrence* se définit par la survenue d'un nouvel épisode dépressif, indépendant du précédent et séparé par une période asymptomatique, nommée intervalle libre. La durée de cet intervalle libre, qui peut durer de nombreuses années, est imprévisible : elle est d'au moins quatre à six mois pour affirmer une récurrence.

– *La rechute* définit la réapparition des symptômes d'un épisode dépressif qui semblait en voie d'amélioration ou de rémission. Dans ce cas, il n'y a pas eu d'intervalle libre (ou inférieur à quatre mois).

Alors que la récurrence correspond à l'apparition d'un nouvel épisode de dépression, la rechute correspond donc à la réactivation des symptômes de l'épisode actuel. Mais il est parfois difficile de trancher.

– *La rémission* est définie par une diminution des symptômes dépressifs. En général, cette phase de rémission survient entre trois semaines et deux mois après le début du traitement. Ce n'est qu'après la phase de *consolidation*, sorte de période de convalescence d'une durée moyenne de quatre mois, et en l'absence de rechute, que l'on parle de *guérison*.

En résumé, deux mois de traitement aigu permettent d'obtenir une rémission mais doivent être complétés par quatre mois de traitement de consolidation pour éviter une rechute.

Parmi les facteurs qui assombrissent l'évolution et augmentent le risque de récurrence, le plus déterminant est le nombre de dépressions déjà survenues au cours de la vie. Autrement dit, après chaque nouvel épisode dépressif, le risque de récurrence augmente.

Les principaux facteurs de récurrence dépressive

- Nombre et sévérité des épisodes dépressifs précédents.
- Persistance de symptômes résiduels après l'épisode dépressif.
- Âge précoce du premier épisode dépressif (avant 25 ans).
- Traitement tardif, mal conduit et résistance au traitement.
- Antécédents familiaux de dépression ou de suicide.
- Bipolarité personnelle ou familiale.
- Troubles anxieux.
- Abus d'alcool ou de drogues.
- Maladies physiques chroniques douloureuses ou invalidantes.
- Difficultés familiales et socioprofessionnelles.
- Événements de vie stressants.

Cet enjeu évolutif considérable a conduit au cours des dernières années à la mise en œuvre de nouvelles modalités de prévention de la rechute : optimisation des stratégies de psychothérapie, maintien d'un traitement antidépresseur sur de plus longues périodes et recherche d'une synergie en combinant ces différentes approches.

Les cicatrices de la dépression

La dépression entraîne, outre les symptômes classiques (fatigue, tristesse, découragement, pessimisme, insomnies, angoisses), des déficits cognitifs plus ou moins profonds : ralentissement global des processus psychiques, chute de la mémoire de travail (la ressource de mémoire immédiate permettant de gérer une tâche à un moment donné et qui s'apparente à la mémoire vive d'un ordinateur[5]), difficultés attentionnelles, altération des processus psychiques facilitant la prise de décision et chute des performances aux tests intellectuels.

Ces déficits cognitifs perdurent parfois malgré la guérison de la dépression et des études montrent que les déficits cognitifs

Les formes saisonnières de dépression

La luminosité saisonnière a-t-elle une influence sur notre horloge biologique ? La brièveté des jours explique-t-elle le nombre élevé de suicides dans les pays d'Europe du Nord ? En marge des formes récurrentes de dépression, il existe des formes saisonnières qui surviennent habituellement au cours de l'automne, lorsque les journées se raccourcissent progressivement. Fatigue, allongement du temps de sommeil, tendance au grignotage, lourdeurs dans les membres : tous ces symptômes régressent spontanément avec l'arrivée des beaux jours au point que certains ont fait le rapprochement avec l'hibernation de certaines espèces de mammifères… Le SAD (« triste » en anglais) est l'acronyme de « *seasonal affective disorders* ». Les femmes et les personnes âgées sont les plus concernées : chez les adolescentes, la fréquence du SAD serait proche de 10 %, voire de 40 % chez les jeunes femmes souffrant de boulimie. Les principaux critères de diagnostic du SAD sont :

– La survenue d'un état dépressif en automne ou en hiver, pendant au moins deux années consécutives, accompagné de fatigue, d'une augmentation de la durée de sommeil, d'une prise de poids, d'une augmentation de l'appétit pour le sucré (chocolat, crèmes glacées, bonbons…).

– L'amélioration des symptômes par l'exposition matinale répétée à une forte luminosité.

Ces dépressions hivernales semblent directement liées à la baisse de la luminosité et au dérèglement d'horloges internes. La lumière du soleil permet en effet de « remettre les pendules » biologiques à l'heure : certaines cellules cérébrales ont une fonction d'horloge (elles contiennent des gènes qui sont programmés pour s'exprimer de façon cyclique et automatique, à la façon de pacemakers) dont le rythme est réglé sur une durée d'environ vingt-quatre heures. Tous les matins, l'organisme doit resynchroniser ces horloges cérébrales grâce à la lumière de l'aube : la lumière pénètre dans l'œil, frappe la rétine qui transmet ce message par une voie nerveuse jusqu'à un noyau particulier (le noyau suprachiasmatique de l'hypothalamus, situé dans le cerveau), puis ce message est relayé jusqu'à la glande pinéale qui, au matin, cesse de sécréter la mélatonine. Cette hormone de la nuit imprègne l'organisme jusqu'aux premiers rayons de l'aube en favorisant le sommeil et le repos. Au lever du soleil, la concentration de mélatonine s'effondre et le corps et l'esprit peuvent s'éveiller : le métabolisme s'active, la température corporelle augmente, le cerveau et les organes sont baignés par des hormones qui favorisent l'activité comme le cortisol et l'hormone de croissance et, au crépuscule, la glande pinéale se remet lentement à sécréter la mélatonine. En l'absence d'un puissant signal solaire matinal, la mélatonine demeure élevée : pour le corps, il fait toujours nuit, l'organisme demeure léthargique et les rythmes veille-sommeil se désorganisent. C'est l'horloge de l'âme qui est déréglée…

s'aggravent après chaque nouvel épisode dépressif[6]. À la suite de chaque nouvelle récurrence, le déficit cognitif devient plus handicapant : le traitement de l'information semble se faire plus lent, il est moins flexible, notamment face à la résolution de problèmes complexes (prise de décisions importantes, tâches professionnelles ardues, etc.). Ces séquelles cognitives semblent liées à la diminution de l'activité de structures cérébrales dont les fragiles tissus peuvent même être partiellement endommagés par la maladie.

En phase de sortie de dépression, l'énergie, le dynamisme et le moral sont les premiers paramètres restaurés, tandis que la récupération des fonctions cognitives est plus lente. Lorsque cette récupération n'est pas complète, une prise en charge spécifique est d'autant plus cruciale que l'on sait que les cicatrices cognitives de la dépression constituent un risque de rechute ultérieure.

Que faire pour prévenir ces séquelles cognitives ? Leur installation et leur sévérité semblent directement reliées à la sévérité de la dépression, mais aussi au retard, à l'inefficacité ou à l'arrêt trop précoce du traitement. Une thérapeutique précoce, adaptée et maintenue suffisamment longtemps constitue donc la meilleure stratégie de prévention de la survenue d'altérations de la mémoire et de la concentration secondaires à la dépression. Parfois, un

Les traces neuronales de la dépression

La plasticité des cellules neuronales du cerveau semble progressivement amoindrie par chaque nouvel épisode dépressif. Dans ce luxuriant mais fragile jardin, la dépression fait office de tempête polaire. Les bourgeons cellulaires s'étiolent puis meurent tandis que les processus cognitifs se ralentissent progressivement. C'est l'hiver cérébral…

Certains antidépresseurs semblent présenter, outre leurs propriétés sur les médiateurs du plaisir et de la motivation – sérotonine et noradrénaline – un véritable effet neuroprotecteur. Ils favorisent la repousse – ou neurogenèse – des cellules du cerveau contenues dans une toute petite région de l'hippocampe, au nom poétique de corne d'Ammon. En favorisant la sécrétion de petites molécules neurotrophiques (BDNF, NGF…), véritables engrais neuronaux, ces antidépresseurs stimulent le foisonnement et l'arborisation des jeunes pousses neurales. C'est le sacre du printemps !

changement d'antidépresseur pour une molécule plus efficace se justifie de façon à guérir plus globalement la dépression.

Les formes chroniques de dépression

Le malheur est le père du bonheur de demain.

Albert Cohen.

Lorsqu'une dépression dure plus de deux ans, elle est qualifiée de dépression chronique. Les facteurs de chronicité sont partiellement connus : sévérité de la dépression, résistance au traitement, troubles de la personnalité associée, consommation d'alcool ou de drogues, maladie physique grave, persistance ou récurrence d'événements de vie difficiles…

Dysthymie et double dépression

La dysthymie n'est pas à proprement parler une dépression. C'est un état dépressif atténué, torpide, insidieux, qui ne remplit pas tous les critères diagnostiques de dépression mais qui se révèle particulièrement persistant. Sa durée s'étend souvent sur plusieurs années. Ses conséquences au long cours sont parfois redoutables : perte de qualité de vie, arrêts de travail prolongés et désinsertion progressive… Lorsqu'un trouble dysthymique se complique d'une dépression caractérisée, les psychiatres utilisent les termes de « double dépression ».

Même longue, la dépression finit par guérir. Un beau jour, les symptômes ont disparu, et ce qui semblait devoir durer toujours a fini par s'estomper pour ne plus être qu'un mauvais souvenir. Autant dire qu'il faut garder l'espoir, même quand la dépression dure des années !

Gérard ou les vertus de la patience…

« Docteur, voilà maintenant trois ans que j'ai sombré dans la dépression. Vous me demandez de garder espoir, mais je n'en peux plus : j'ai dû prendre une dizaine d'antidépresseurs différents, sans parler de cette psychothérapie qui dure depuis des années… Rien ne marche, j'ai beau suivre vos recommandations à la lettre, je constate que je ne m'en sortirai jamais ! »

Face à cette forme de dépression chronique, handicapante (huit mois d'arrêt de travail) et résistante aux antidépresseurs, nous avons décidé de proposer à ce chef d'entreprise quadragénaire une thérapeutique de choc. Après avoir longtemps hésité, il finit par accepter une hospitalisation dans le service. Un matin, quelques jours après sa quatrième séance d'électronarcose, il vient à notre rencontre, un vaste sourire aux lèvres : « Je crois que mon état est vraiment en train de changer ! » Quelques jours plus tard, sa femme venait le chercher et il sortait de l'hôpital guéri.

CHAPITRE 7

Des conséquences destructrices

La dépression est une maladie parfois sévère dont les complications sont potentiellement dramatiques : une douleur morale insupportable peut conduire au suicide. Mal soignée, la dépression induit inexorablement des difficultés professionnelles, des tensions conjugales et familiales et des conduites d'échec qui accroissent le sentiment de désarroi. Mais des solutions existent pour chaque situation, y compris pour celles qui apparaissent les plus désespérées.

Le suicide

Une vie ne vaut rien. Mais rien ne vaut une vie.

André MALRAUX.

« Le suicide est le seul problème philosophique vraiment sérieux[1] », disait Albert Camus. Certes, mais à condition qu'il y ait choix ! Or, justement, le déprimé considère le suicide non comme un choix mais comme la seule issue possible. Pour bien des patients, il ne s'agit donc plus de philosophie ou de questionnement existentiel, mais de l'unique façon d'échapper à une souffrance intolérable. Souffrance morale, vision exagérément pessimiste du monde, regrets et remords face au passé, avenir bouché : où est le choix alors ?

Pour le déprimé, le suicide est la solution « inéluctable et libératrice », celle qui permettra de ne plus être un fardeau pour la société, de ne plus avoir à supporter sa propre médiocrité et le poids du quotidien. En outre, il faut savoir que le risque de suicide augmente après chaque nouvel épisode dépressif : 15 % des personnes qui souffrent de formes récurrentes de dépression se suicident[2].

UNE PRIORITÉ MAJEURE DE SANTÉ PUBLIQUE

Le suicide tue plus en France que les accidents de la route. Chaque année, dans notre pays, plus de 11 000 personnes se suicident. C'est la deuxième cause de décès chez les jeunes âgés de 15 à 34 ans. Le suicide est également massif chez les personnes âgées.

Or la dépression constitue la toute première cause de suicide (ce fait a été confirmé par l'utilisation des autopsies psychologiques). Il est donc impératif que les pouvoirs publics considèrent ensemble la prévention du suicide et le traitement de la dépression comme de véritables priorités de santé publique.

L'autopsie psychologique

L'autopsie psychologique après un décès par suicide est un moyen de tenter de déterminer les raisons qui ont conduit à cet acte. Elle repose sur l'analyse précise et scientifique de l'état psychologique de la personne avant sa mort, en s'aidant notamment de son dossier médical et psychiatrique, d'interrogatoires des proches et du recueil des écrits du suicidé. De nombreuses études ont utilisé cette méthode et confirmé que la majorité des personnes qui se suicident souffraient de dépression au moment de leur geste (60-90 % selon les études).

Comment secourir un proche suicidaire ?

Toute envie suicidaire, toute tentative de suicide, quels que soient le moyen utilisé et la gravité des conséquences, doit être considérée comme une urgence médicale grave. Banaliser un geste suicidaire sous prétexte qu'il ne s'agit que de « quelques gélules » ou d'« un simple appel au secours », c'est conforter le déprimé dans l'idée que personne n'a saisi la réelle mesure de sa souffrance. La plupart des individus qui décèdent par suicide avaient déjà commis une ou plusieurs tentatives auparavant et avaient plus ou moins explicitement prévenu certains de leurs proches de leurs intentions. Par ailleurs, 60 à 70 % des suicidants consultent un médecin dans le mois qui précède le passage à l'acte, dont 36 % dans la semaine qui précède le passage à l'acte…

Il existe donc très souvent des signaux d'alarme qui peuvent aider à sauver la vie d'une personne déprimée : repli sur soi ; idées noires avec sentiment de désespoir intense, de solitude et d'avenir bouché ; projet suicidaire plus ou moins explicite ; « mise en ordre » des affaires (par exemple, rédaction d'un testament) ; visage fermé et froid soulagement…

Nous l'avons dit, des questions franches permettent fréquemment de dévoiler un projet suicidaire imminent : « Comment vois-tu l'avenir ? As-tu des idées noires ? As-tu envisagé une façon d'en finir ? » L'existence d'un plan suicidaire précis et planifié est un critère d'urgence absolue. Parvenir à repérer des changements inquiétants dans l'attitude et le discours et trouver les mots pour aborder un conjoint, un parent, ou même un collègue en souffrance peut contribuer à sauver une vie ! Ce *devoir d'ingérence* dont nous avons parlé a malheureusement parfois ses limites : à l'impossible, nul n'est tenu. Mais on regrette toujours de n'avoir pas au moins essayé…

Suicide altruiste

Le suicide est un drame dans lequel on peut décider d'emmener les siens. Lorsque la vie paraît trop insupportable, l'avenir totalement obscurci d'obstacles insurmontables, la mort peut apparaître comme une solution radicale. Pas simplement pour soi, mais aussi pour sa famille, car le déprimé étend son pessimisme aux êtres chers auxquels il veut absolument éviter de tragiques échéances ou un avenir pavé de malheurs.

Ce fut le cas de ce jeune père de famille qui, souffrant d'une dépression sévère, décida de supprimer ses enfants et sa femme. Au chômage depuis quelques mois, persuadé d'être responsable de la ruine et du malheur de sa famille, il vola l'arme de chasse de son père. Après avoir abattu ses deux fils et sa femme, il retourna le fusil contre lui. Le mécanisme s'enraya et il fut conduit par la police à l'infirmerie de la préfecture de Paris. Que de violence, d'absurdité et de détresse dans ce geste désespéré !

Comment réagir après une tentative de suicide ?

Nous recommandons fortement, après toute tentative de suicide, quelle qu'en soit sa gravité, d'appeler immédiatement les secours et de conduire aux urgences médicales de l'hôpital le plus proche. À l'issue de l'évaluation médicale, la rencontre avec un psychiatre est indispensable avant la sortie de l'hôpital (ce qui est encore malheureusement loin d'être systématique).

Une brève période d'hospitalisation en milieu psychiatrique est souvent nécessaire pour permettre de mieux évaluer l'environnement, les troubles psychiques, le risque de récidive et les modalités de soins. Il faut savoir aider à convaincre un proche réticent d'accepter cette aide indispensable en se souvenant que le risque suicidaire demeure extrêmement élevé dans les jours qui suivent la tentative.

Une triple mission est assignée à cette hospitalisation :

1. *Protéger* : le risque d'une nouvelle tentative est toujours à craindre, spécialement dans les jours qui suivent l'acte.
2. *Évaluer* les causes de ce passage à l'acte : dépression avérée, conditions affective, familiale et sociale, solitude, alcoolisme, impulsivité, troubles de la personnalité…
3. *Prévenir* de nouveaux passages à l'acte : prise en charge médicale et psychologique, suivi régulier, etc.

Une profonde détermination

Toute tentative de suicide, même la moins grave en apparence, peut témoigner d'une profonde détermination à mourir et donc d'un risque de récidive suicidaire. Les tentatives de suicide des hommes aboutissent au décès en général plus souvent que celles des femmes car ils passent par des moyens plus violents (armes à feux, pendaison, défenestration). Les femmes utilisent plus volontiers les médicaments. Mais il n'y a pas de lien direct entre violence du geste et volonté de mourir. On peut être très déterminé dans sa volonté suicidaire et utiliser un moyen peu létal. Certaines personnes ayant déjà réalisé plusieurs tentatives de suicide expliquent à quel point elles souffrent du regard de leur entourage. À force de « crier au loup », elles ne sont plus prises au sérieux : cela accroît leur malaise, leur sentiment d'échec et donc leur envie suicidaire, jusqu'au jour où l'irréparable est commis.

Les principaux facteurs de risque de suicide

Les facteurs favorisant le passage à l'acte suicidaire chez le déprimé sont bien connus : antécédents familiaux de suicide, antécédents personnels de tentative de suicide, solitude, chômage, sexe masculin, consommation d'alcool, bipolarité de l'humeur, absence de soins et de traitement en sont les principaux. La chronicité de la dépression, sa sévérité et son génie évolutif sont également des déterminants majeurs du risque suicidaire.

Les comportements violents

La dépression peut engendrer des troubles du comportement parfois violents. La consommation de drogues et d'alcool a parfois un effet favorisant. Cette levée de frein, associée aux idées noires de la dépression, peut conduire à commettre des passages à l'acte graves (homicides, agressions, fugues, etc.).

Une séparation insupportable

Conduit par la police aux urgences d'un grand hôpital parisien, Monsieur X. est mis en examen pour coups et blessures. Son divorce remonte à deux ans ; il a très mal vécu la séparation. D'un tempérament calme, doux et aimant, il a alors noyé sa solitude dans l'alcool. Au cours des dernières semaines, saisi de violentes impulsions suicidaires et d'un sentiment de culpabilité majeure, il en était venu à se reprocher d'être trop passif et d'avoir, par son « manque de virilité et de charisme », précipité la rupture. Tambourinant, alcoolisé, en plein milieu de la nuit à la porte de son ex-femme, il en est venu à agresser physiquement un voisin qui tentait de le calmer.

Si le ralentissement psychique et moteur est fréquent durant la dépression, il existe des formes agitées de la maladie. Le déprimé est parfois impatient, agité, hyper réactif, plus rarement agressif, voire violent.

Les conduites d'échec

Fléchissement scolaire, difficultés professionnelles, conflits conjugaux, isolement social, alcoolisme : la dépression est une lente descente aux enfers. Ces conséquences néfastes sont multiples, elles aggravent le pessimisme, le sentiment d'incapacité, d'inutilité et de culpabilité. Ce cercle vicieux tire vers le bas : plus la dépression dure, plus les dégâts sont importants.

Les conduites d'échec liées à la dépression entraînent rapidement l'isolement : les autres ne comprennent pas forcément qu'une maladie puisse être à l'origine des difficultés du déprimé et ils ont donc parfois tendance à le rejeter en lui attribuant la responsabilité de ses échecs. Le déprimé est alors confronté aux limites de la tolérance de l'entourage familial, social et profes-

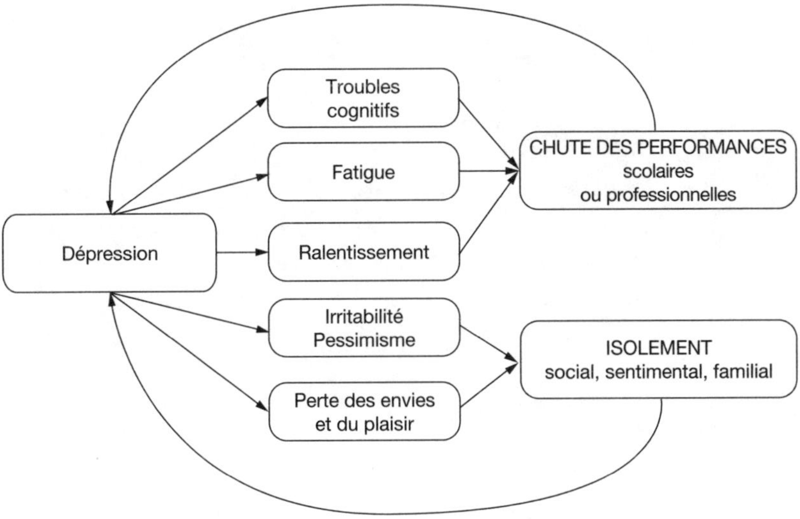

sionnel : plus cette tolérance est limitée, plus le rejet est violent. À la souffrance dépressive, s'ajoute alors la peine de pertes dramatiques.

Échapper à cette spirale de l'échec nécessite d'en traiter la cause, c'est-à-dire la dépression. En soignant la maladie, l'énergie et la capacité à trouver des solutions reviennent progressivement. Il est alors plus facile de sortir de l'isolement, de renouer des liens et de rassurer ses proches. En outre, le retour de la confiance en soi permet d'arrêter de se déprécier et de « s'autosaboter » !

CHAPITRE 8

Dépression et manie : la maladie bipolaire

Impression de facilité, de légèreté, de fluidité, imagination décuplée, démesurée, incommensurable... Parfois, les creux dépressifs sont accompagnés de vagues d'exaltation. Les hauts et les bas de l'humeur peuvent alors devenir tempêtes affectives. Les cycles dépressifs et maniaques sont intermittents : séparés par des périodes de stabilité dont la durée est imprévisible, ces troubles bipolaires aux épisodes contrastés et à éclipses ont tendance à récidiver tout au long de la vie. Loin d'être rares – ils concernent 1 à 3 % de la population –, ils altèrent profondément la vie familiale, sociale et professionnelle. Comment les repérer ? Comment les distinguer d'une « simple » dépression ? Comment s'en protéger ?

Les cycles de la maladie

Marée haute, marée basse

« Je viens d'être licenciée. Je crois que j'étais un peu trop "up" au moment de l'embauche : survoltée et pleine d'entrain, j'ai eu une aventure torride avec mon séduisant collègue de bureau… Puis patatras, tout est retombé comme un château de cartes et j'ai donné ma démission car j'avais trop honte de moi.

Adolescente, j'avais déjà deux visages : l'un souriant, gai, enjoué, festif ; l'autre sombre, exténué, irritable et mélancolique. Je me levai avec une boule dans la gorge et je n'avais plus d'envie ni de goût à rien. Je passais des semaines entières à me détester et puis sans savoir pourquoi, d'un seul coup, la vie redevenait splendide : je me maquillais, j'étais la plus sexy et tous mes complexes s'envolaient comme par enchantement… Le monde m'appartenait !

C'est comme si une main invisible manipulait l'interrupteur de mes émotions, me faisant brutalement éclater dans la lumière ou sombrer dans l'obscurité.

Du coup, ma vie est une succession de coups de frein et d'accélérateur… »

Cette femme élégante d'une quarantaine d'années vient consulter pour la première fois. Elle est terriblement désemparée. On lui a parlé de dépression, mais elle sent qu'on s'est trompé ; c'est autre chose, de plus complexe, de plus durable, qui embrase sa vie et sa personnalité. Et de fait, elle souffre de variations cycliques de l'humeur, de l'énergie et du moral. Ces fluctuations sont bipolaires : un pôle l'attire vers la dépression, un pôle vers l'euphorie. Comme la marée sur la jetée, le cours de son existence suit une courbe ascendante puis descendante dont les fluctuations sont interrompues de périodes de calme de durée imprévisible.

Bien sûr, nous avons tous une humeur qui varie au fil des jours. Qui ne s'est réveillé un matin en se sentant « gonflé à bloc », plein d'énergie, avec l'envie de déplacer des montagnes ? Qui n'a pas également traversé de sombres périodes de passage à vide, de fatigue, de lassitude et de découragement ? Certains vivent sur un océan plutôt calme, d'autres sur une mer franchement déchaînée. Chez cette femme, la puissance destructrice des tempêtes affectives engendre une profonde souffrance qui la laisse épuisée, désemparée, seule face aux dégâts provoqués.

La folie circulaire

Il y a plus de deux mille cinq cents ans que la médecine hippocratique distinguait et opposait déjà la manie et la mélancolie. Le terme de « manie » figure dans l'*Encyclopédie* de Diderot (XVIIIe siècle) et les aliénistes de l'école française (Falret, 1851 ; Baillarger, 1854) décrivent la « folie circulaire » et la « folie à double forme ». Mais c'est le psychiatre allemand Emil Kraepelin qui introduit, en 1899, les termes de « maladie maniaco-dépressive ».

Les thérapeutiques rudimentaires de l'époque consistaient à isoler les malades et à leur administrer des sédatifs[1].

Les montagnes russes

Imaginons un parcours de montagnes russes : aux montées grisantes et euphorisantes succèdent de terrifiantes et vertigineuses descentes. La bipolarité est-elle une fragilité excessive face aux différents événements de la vie, ou bien une sensibilité, une excentricité et une créativité exacerbées ? Épuisante répétition de cycles de hauts et de bas, cette maladie est une interminable suite de manies et de dépressions séparées de périodes de stabilité plus ou moins durables.

Critères diagnostiques d'hypomanie, adaptés d'après le DSM-IV

Période de temps nettement délimitée durant laquelle l'humeur est élevée de façon persistante, expansive ou irritable, clairement différente de l'humeur habituelle, et ce tous les jours pendant au moins quatre jours.
Au cours de cette période, au moins trois des symptômes suivants ont persisté :
– Augmentation de l'estime de soi, idées de grandeur.
– Réduction du besoin de sommeil (par exemple, le sujet se sent reposé après seulement trois heures de sommeil).
– Plus grande communicabilité, désir de parler constamment.
– Fuite des idées, sensations que les pensées défilent.
– Distractibilité (l'attention est trop facilement attirée par des stimulations extérieures ou sans lien avec l'activité en cours).
– Hyperactivité (sociale, professionnelle, scolaire, sexuelle), agitation psychomotrice.
– Engagement excessif dans des activités agréables à potentiel élevé de conséquences dommageables (par exemple, achats inconsidérés, conduites inconséquentes, investissements commerciaux déraisonnables).
La perturbation entraîne une altération du fonctionnement social, professionnel ou des relations interpersonnelles (manie).
Les symptômes ne sont pas dus aux effets directs de substances (drogues, alcool, médicaments) ou d'une maladie.

Derrière ses différents masques, la souffrance engendrée par l'instabilité de l'humeur est bien réelle ; ses effets sont ravageurs. Les blessures sont souvent profondes : ruptures sentimentales, professionnelles, sociales, et les cicatrices douloureuses : isolement, rejet par les proches, déclassement socio-professionnel, conduites suicidaires…

Les intervalles libres

Les « intervalles libres », ces plats dont la durée est imprévisible, s'étirent parfois sur des mois ou des années et peuvent donner au bipolaire le sentiment fallacieux que la maladie est guérie. Toutefois, sans traitement, la rechute est quasiment inéluctable : cette maladie à éclipses a tendance à récidiver tout au long de la vie.

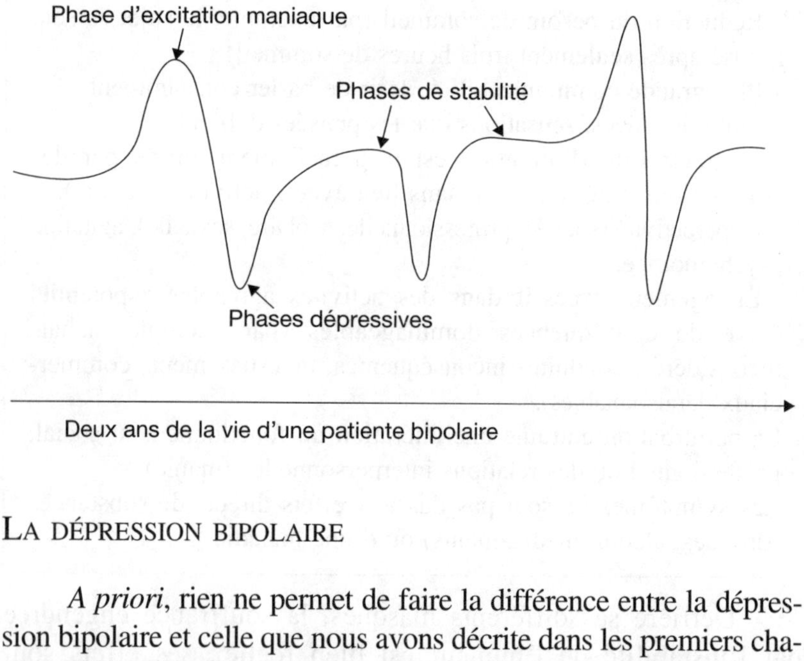

La dépression bipolaire

A priori, rien ne permet de faire la différence entre la dépression bipolaire et celle que nous avons décrite dans les premiers chapitres de ce livre. Seule la survenue d'épisodes d'exaltation maniaque permet d'orienter précisément le diagnostic. Certains signes peuvent toutefois suggérer la bipolarité chez un sujet déprimé.

Il est crucial de diagnostiquer correctement la dépression bipolaire en repérant la survenue d'épisodes maniaques francs ou atténués dans l'histoire et les antécédents du sujet. D'une part parce que les stratégies thérapeutiques des troubles bipolaires sont spécifiques et centrées sur la prévention des récurrences à

Indices de dépression bipolaire

– Irritabilité et réactivité de l'humeur.
– Agitation anxieuse, incapacité à tenir en place.
– Aggravation de cette agitation par les antidépresseurs.
– Fluctuation de l'humeur dans la même journée.
– Importance de l'insomnie qui résiste aux hypnotiques.
– Précocité (avant 20 ans) et sévérité du premier épisode dépressif.
– Nombre élevé d'épisodes dépressifs.
– Tempérament cyclothymique (lunatique, en dents de scie) ou hyperthymique (optimiste et joyeux).
– Existence d'antécédents familiaux de bipolarité ou de suicide.
– Impulsivité, gestes suicidaires répétés.

l'aide de médicaments régulateurs de l'humeur. D'autre part, parce que les dépressions bipolaires ont la particularité de récidiver en dépit d'un traitement par antidépresseurs. Pis, les antidépresseurs semblent parfois aggraver l'évolution et déclencher de nouvelles périodes hypomaniaques. Les traitements régulateurs de l'humeur, en revanche, ont littéralement transformé la vie de très nombreuses personnes souffrant de troubles bipolaires. On peut donc agir curativement et préventivement pour apaiser ces tempêtes affectives destructrices.

La manie, miroir de la dépression

En vain j'ai voulu de l'espace
Trouver la fin et le milieu

BAUDELAIRE.

Fils de Dédale et d'une esclave crétoise du roi Minos, Icare se trouva enfermé avec son père dans le Labyrinthe. Tous deux purent s'échapper grâce aux ailes que Dédale fabriqua et qu'ils attachèrent sur leurs épaules avec de la cire. Les grandes plumes étaient cousues mais les petites plumes tenaient avec de la cire. Avant qu'ils ne prissent leur envol, Dédale avait recommandé à son fils de ne pas s'approcher trop près du soleil : « Mon fils, prends garde, ne vole pas trop haut car le soleil ferait fondre la cire, ni trop bas, car les plumes seraient mouillées par la mer. » Mais Icare, dans son ivresse de pouvoir voler, s'éleva toujours plus haut dans les airs, vers le soleil, tant et si bien que les rayons firent fondre la cire. Les ailes se détachèrent, et le malheureux sombra dans la mer qui, depuis, porte son nom.

TOUJOURS PLUS HAUT !

À l'instar du fils de Dédale, les phases d'exaltation bipolaire conduisent toujours plus haut ; elles dévoilent ce qu'il y a de plus brillant, de plus créatif, de plus jouissif en chacun. L'euphorie de la plénitude, le bonheur d'une énergie bouillonnante, l'envie de faire partager cette ivresse déferlent comme un torrent émotionnel. Les limites sont dépassées, pour le meilleur et surtout pour le pire : il n'y a plus de barrières à l'amour, au sexe, à la création, aux dépenses, aux ambitions, à la volonté de pouvoir, de bien-être, au partage et à l'altruisme, aux idéaux, aux projets les plus grandioses.

Créations d'entreprises, décisions politiques, tableaux, poèmes, livres, dons et œuvres philanthropiques… Combien de décisions historiques, d'œuvres artistiques exceptionnelles, de sociétés florissantes sont nées sous l'impulsion d'une période d'excitation bipolaire ? Combien de grands hommes, de décideurs, d'écrivains ont connu l'extase absolue, la félicité et la fécondité de telles phases ?

Mais… car il faut qu'il y ait un « mais » face à ce tourbillon de bonheur, que dit l'entourage ? Les expressions utilisées par les proches pour décrire les phases d'exaltation bipolaire sont éloquentes : « Il a complètement décollé », « Il a pété les plombs », « Il carbure à la coke ». Et *quid* des conséquences de ces périodes ? Si des créations artistiques ou professionnelles peuvent avoir lieu, que dire des risques auxquels elles exposent, sur le plan personnel, social, familial, professionnel et financier ?

Monter, descendre

Jean, chef d'entreprise se décrit comme un « battant ». Cest un bon vivant enjoué et extraverti de 56 ans, père de famille et amateur de voile. Il pense avec nostalgie aux périodes d'euphorie durant lesquelles il se sent « surbpoosté », plein de tonus et de projets. Il avoue cependant que, durant ces périodes, il lui arrive de « faire un peu n'importe quoi », mais il conclut avec un grand sourire : « C'est tellement sympa quand je suis un peu *up*… » Il finit tout de même par reconnaître, avec beaucoup de réticences, qu'il lui faut ensuite « payer les pots cassés », c'est-à-dire les conséquences de ses aventures sentimentales sans lendemain ou de ses coups de poker professionnels. Mais il veut surtout en finir avec les périodes de « baisse de régime » qui, invariablement, finissent par le happer et le terrasser.

DÉMESURE ET MÉGALOMANIE

Citizen Kane ou l'image de la démesure

Dans le film *Citizen Kane*, Orson Welles met en scène le personnage de Charles Foster Kane, milliardaire excentrique qu'un optimisme démesuré conduit à faire bâtir un opéra spécialement pour abriter les débuts de sa maîtresse, qui est malheureusement loin d'être une diva. Kane enchaîne les excès et finit ainsi par faire bâtir l'incroyable Xanadu, monstrueuse résidence inspirée du fastueux palais de l'empereur Kublai Khan, qui sera finalement son tombeau.

L'optimisme sans faille, l'enthousiasme, l'insouciance, l'inflation narcissique, voire le sentiment de toute-puissance, teintent la vision du monde de couleurs pétillantes. « Tout est possible, le monde m'appartient » : voilà ce qui est ressenti en état d'exaltation. L'augmentation rapide de l'estime de soi conduit à une surévaluation des capacités et à l'apparition d'idées mégalomaniaques.

Un cran encore au-dessus, et les idées de grandeur deviennent franchement délirantes et mégalomaniaques. Il y a alors perte de contact plus ou moins franche avec la réalité, au point parfois de vivre une extase mystique, de se sentir investi de pouvoirs surnaturels ou d'éprouver des phénomènes hallucinatoires.

Manie ou célébrité ?

Julien, 17 ans, étudiant en première S, lors de son premier accès d'excitation, explique très sérieusement : « Regardez-moi et vous saurez ce qu'il faut faire pour y arriver dans la vie ! Je suis l'image de la réussite, je vais écrire un bouquin là-dessus. D'abord je vais tracer : maths sup, spé et grande école. Les filles sont toutes à mes pieds, elles sont aimantées par les hommes qui ont du charisme et du pouvoir. Mon bouquin m'apportera une célébrité monstre. Le souci sera de ne pas trop humilier mes parents avec mon succès… »

La limite entre le normal et le pathologique est parfois plus difficile à déterminer. Que dire de cet entrepreneur qui décide soudain d'investir des sommes massives dans un projet financier complexe dont il est malaisé, même pour des pairs avertis, d'évaluer la pertinence : coup de génie ou coup de folie ?

Des performances hors pair

Lors d'un épisode maniaque, le sujet peut ressentir une amélioration transitoire de certaines de ses facultés intellectuelles : mémoire, avec reviviscence d'éléments précis et oubliés, que les psychiatres appellent hypermnésie ; accélération du langage et de la pensée qui, bien qu'agréables, rendent parfois le discours difficile à suivre pour l'interlocuteur ; sentiment que tout est facile, que l'on fait les choses plus vite, plus efficacement – même si cela ne correspond pas forcément à la réalité objective ; capacités sexuelles accrues et appétit insatiable dans ce domaine ; capacités de perception sensorielle enrichies…

Mais même Superman ne peut demeurer indéfiniment omnipotent. Une fois ses exploits accomplis, il doit se retransformer en Clark Kent, modeste et timide reporter qui passe si facilement inaperçu et peut, à la différence du maniaque, dissimuler sa véritable identité. Le bipolaire s'expose aux yeux de tous et doit ensuite assumer les conséquences de ses actes, souvent sans pouvoir expliquer rationnellement ses comportements inadaptés.

Désinhibée…

Josiane entre dans mon bureau sans frapper ; je suis en plein entretien… Sans façon, elle s'approche du patient assis en face de moi et s'exclame : « C'est un chouette docteur, pas vrai ! » Comme je lui demande de retourner en salle d'attente, elle s'écrie : « OK, mais soyez un peu plus cool, doc ! Au fait, il faudrait penser à mettre un peu de couleur dans votre bureau, ce serait vachement plus fun ! » Elle sort et ferme la porte bruyamment, nous laissant mon patient et moi souriants mais un peu embarrassés. Josiane est une institutrice mère de famille venue consulter il y a quelques semaines pour un état dépressif. Sa tenue vestimentaire d'aujourd'hui – minijupe, bas résille et maquillage outrancier – tranche vraiment avec son style BCBG habituel.

Se faire plaisir à n'importe quel prix

Comme la cigale de la fable, durant l'excitation maniaque, l'heure est à la jouissance, au plaisir et aux excès : dépenses inconsidérées, sexualité, conduite automobile, sorties, séduction… *Carpe diem* devient l'unique credo. Que cela menace le couple et la famille, le patrimoine financier ou l'emploi n'y change rien : les vannes sont ouvertes.

En période maniaque, dans le combat de la raison contre les émotions, ce sont les émotions qui gagnent ! Les comportements sont motivés par la recherche de plaisir immédiat. Cette levée d'inhibition est l'un des mécanismes centraux de la manie : les limites sont levées, tout devient alors possible.

L'individu de nature habituellement timide et réservée devient un vrai boute-en-train ; il aborde de belles inconnues avec aisance, chantonne dans le métro et tente de négocier de gros contrats. Sa tenue vestimentaire a changé, les costumes sombres sont remisés dans la penderie et il s'affiche en dandy excentrique, le visage radieux, un vaste sourire aux lèvres. Ses collègues, ses amis sont surpris par le changement autant que par le ton et le débit de la voix, l'assurance soudaine, l'aisance relationnelle, la fuite en avant dans les comportements…

Un personnage flamboyant

Perte de limites, besoin impérieux de liberté, recherche éperdue de plaisir et poursuite d'un désir insatiable : la personnalité fascinante d'Howard Hughes, récemment interprétée par Leonardo DiCaprio dans le film *Aviator* de Martin Scorcese, en est l'illustration parfaite. Le flamboyant aventurier, tout à la fois casse-cou, pionnier de l'aviation, producteur, réalisateur, directeur de studio, leader de l'industrie aéronautique et séducteur insatiable, courtisa certaines des plus belles femmes du monde, dont Katharine Hepburn ou Ava Gardner.

La recherche de plaisir et la désinhibition sont parfois de mauvais « compagnons de voyage ». Passages à l'acte agressif, achats inconsidérés, malversations financières, vols, jeu compulsif, violence physique, morale ou sexuelle, crises clastiques, abus d'alcool ou de drogues sont autant de comportements anormaux nuisibles que la personne n'aurait absolument pas en temps normal et qui ne correspondent en rien à sa personnalité : ils sont réalisés sous l'emprise d'une perte de contrôle partielle ou totale sous l'effet de l'excitation psychique.

L'ACCÉLÉRATION

> *La fuite des idées est souvent perçue très nettement par les malades eux-mêmes. Ils se plaignent de ne pas pouvoir se concentrer, de ne pas pouvoir rassembler leurs pensées. Les pensées viennent toutes seules... « Je ne puis saisir toutes les pensées qui viennent en moi », déclarait un malade. « C'est comme une tempête dans ma tête », disait un autre ; « Tout se mêle ensemble », disait un autre...*
>
> Emil KRAEPELIN[2].

L'hyperactivité sociale, professionnelle, scolaire, sexuelle, marque l'émergence de la phase euphorique, mais cette hyperactivité est souvent stérile. Comme dans la fable, le lièvre batifole et arrive après la tortue. La profusion gestuelle et l'agitation psychomotrice sont de grandes consommatrices d'énergie et beaucoup d'air se trouve brassé pour un résultat... discutable. Preuve de l'intrication étroite entre le corps et l'esprit, les modifications somatiques sont constantes lors d'un accès d'excitation maniaque : insomnie sans fatigue, sexualité intarissable, faim pantagruélique accompagnée d'un amaigrissement...

L'emballement de la pensée et du discours

Lorsque Mathieu se met à parler, il est impossible de l'arrêter ; il parle vite, fort, comme si le débit de ses pensées s'était soudain emballé et menait un train d'enfer. Je n'arrive pas à le suivre, il s'en rend compte rapidement et me lance un ironique : « Vous avez l'air un peu fatigué, docteur ! Des vacances vous feraient du bien… » La pensée et le discours sont accélérés, émaillés par de nombreux jeux de mots plus ou moins drôles. Mais ce moteur emballé a des ratés : les idées s'emmêlent et se perdent, fusent et sont aussitôt oubliées, les associations ne sont plus logiques, les calembours n'ont ni queue ni tête, on passe du coq à l'âne en permanence.

Bonheur ou maladie ?

Les formes atténuées d'excitation maniaque – ou hypomanies – sont plus fréquentes que les formes « typiques ». Ces formes sont aussi plus difficiles à repérer, à dépister et à diagnostiquer. Autrement dit, elles passent souvent inaperçues, retardant d'autant la reconnaissance de la maladie et la prise en charge thérapeutique appropriée.

L'hypomanie, qui reprend les mêmes symptômes que la manie, mais « un ton en dessous », donne le change : sentiment de regain d'énergie, de pleine créativité, envie de faire la fête, de faire des projets, de se sentir plus efficace et plus rapide… « Une maladie ça ? » s'exclamait ainsi un patient. De fait, ces états sont souvent vécus comme des périodes bénies, avec le sentiment d'avoir enfin « retrouvé sa bonne étoile », « repris du poil de la bête » ou que « les affaires reprennent ».

Pourtant – pourquoi faut-il qu'il y ait un pourtant alors que tout semble parfait ? –, la répétition de tels états de bien-être est le signe objectif d'une bipolarité sous-jacente, avec tout le potentiel évolutif dépressif et suicidaire de cette maladie. Les études montrent que les formes bipolaires atténuées ont des conséquences importantes en termes d'impact sur la qualité de vie, le risque de récidive, de rechute dépressive ainsi que sur le risque suicidaire. Autant de raisons de dépister et de traiter.

Certains patients affirment ne pas pouvoir et ne pas vouloir vivre sans de telles périodes d'exaltation, car elles donnent « leur sel à la vie », compensent les moments difficiles et les périodes dépressives et sont parfois impatiemment attendues. Ils semblent ne pas vouloir prendre conscience de leurs conséquences négatives, ou bien en sous-estiment l'importance. Il faut parfois un long travail pour parvenir à mettre en balance plus objectivement les avantages et les inconvénients de ces états hypomaniaques.

Une évolution intermittente

L'orage éclate parfois dans un ciel serein, et, en quelques heures, le moral monte ou chute vertigineusement ; les spécialistes utilisent alors le terme de « bascule de l'humeur » pour nommer ces ruptures qui peuvent parfois sembler survenir totalement spontanément. Plus souvent, elles surviennent au décours d'une situation de vie triste, pénible ou frustrante ou, à l'inverse, après un heureux événement, une promotion, une rencontre sentimentale ou une naissance.

Sur la durée, les patients ont souvent le sentiment que les facteurs déclenchants sont de moins en moins saillants. Pour tenter d'en expliquer le mécanisme, un chercheur anglon-saxon du nom de Post a développé la théorie du *kindling*, ou modèle neurobiologique d'embrasement. Dans ce modèle, qui s'applique également à l'épilepsie, certaines cellules cérébrales seraient susceptibles de devenir plus sensibles après chaque nouvel épisode, par accumulation progressive de facteurs neurotoxiques. Cette augmentation du seuil de sensibilité cellulaire pourrait expliquer pourquoi l'épisode se déclenche après un événement minime, un peu comme ces voitures dont l'alarme est mal réglée et qui se mettent à hurler dès qu'on les frôle.

Les formes à cycles rapides

Dans la classification américaine des troubles bipolaires, la survenue de plus de quatre cycles bipolaires par an (manie ou manie et dépression) définit une forme particulière de la maladie, dite « *rapid cycling* ». Ces formes à cycles rapides ont un impact négatif considérable sur la vie des patients. Elles touchent plus souvent les femmes. Les troubles de la thyroïde, cette glande située dans le cou, doivent être systématiquement dépistés car ils sont l'un des facteurs médicaux aggravants parfois retrouvés. Le plus difficile pour les patients qui souffrent de cette forme particulière de la maladie est qu'elle répond relativement mal aux traitements régulateurs de l'humeur censés équilibrer les troubles bipolaires et prévenir les nouveaux cycles. Des études récentes suggèrent également que certains antidépresseurs pourraient accélérer les cycles de la maladie bipolaire, voire agir comme révélateurs ou déclencheurs d'épisodes.

Serial killers...

Ce quinquagénaire, artiste peintre de grand talent, a subi un premier accès maniaque à 21 ans, juste après avoir perdu son père. Le second épisode bipolaire s'est déclenché cinq ans plus tard, à l'occasion d'une exposition de ses œuvres qui rencontra un grand succès. Au cours des cinq dernières années, la maladie s'est accélérée. Il lui semble que tout événement de nature à le contrarier est susceptible de déclencher un épisode. Une banale dispute avec son épouse, un litige sans importance avec l'administration ou encore un client désagréable sont autant d'amorces susceptibles d'embraser et de dévaster sa vie émotionnelle. Il a fini par appeler tous ces menus soucis de la vie quotidienne « mes serial killers ».

Dépister les cycles de l'humeur

Pour cela, répondez aux affirmations suivantes : « Il m'est déjà arrivé d'avoir une ou plusieurs périodes d'une durée d'au moins une semaine durant lesquelles… »

	OUI	NON
J'ai senti un regain d'énergie.	☐	☐
Je me suis senti(e) bien plus sûr(e) de moi que d'habitude.	☐	☐
J'ai eu plein d'envies et de projets.	☐	☐
Je parlais plus que de coutume.	☐	☐
J'ai eu besoin de moins de sommeil.	☐	☐
Je sortais beaucoup plus.	☐	☐
J'ai eu plus de désir sexuel.	☐	☐
Je me sentais moins inhibé(e) dans mes relations aux autres.	☐	☐
J'ai eu beaucoup plus de plaisir à faire les choses.	☐	☐
J'ai eu plus envie de séduire des inconnu(e)s.	☐	☐
J'ai eu l'impression que tout était plus facile.	☐	☐
Je dépensais plus d'argent.	☐	☐
Je prenais plus de risques.	☐	☐
J'ai eu envie d'aider les autres de façon disproportionnée.	☐	☐
Je devenais irritable, agressif(ve), coléreux(se).	☐	☐
Les autres me trouvaient trop excité(e).	☐	☐
Total de réponses « OUI »		

Trois réponses positives ou moins

Vous ne souffrez probablement pas de trouble bipolaire. Néanmoins, il est important de déterminer s'il existe, dans votre famille, des antécédents probables de troubles bipolaires.

Antécédents familiaux de troubles bipolaires

L'un de mes apparentés biologiques (une personne à laquelle je suis relié par des liens du sang, par exemple mes parents, mes frères et sœurs, enfants, oncles, tantes, cousins proches) :
– a souffert d'un trouble bipolaire (maladie maniaco-dépressive) ;
– a présenté des périodes de dépression alternant avec des périodes d'exaltation, d'agressivité ou de colères intenses ;
– a été traité par le lithium ;
– a souffert de conduites suicidaires.

Entre quatre et six réponses positives

Vous avez probablement présenté au cours de votre vie un épisode d'hypomanie modérée. Cet épisode était-il unique, ou s'est-il répété ? A-t-il alterné avec la survenue d'un état dépressif ? Cet état a-t-il modifié vos comportements de façon importante ?

Vous avez plus de six réponses positives

Vous avez très certainement présenté au cours de votre vie un épisode de manie ou d'hypomanie franche. Durant cet épisode, vous avez probablement eu le sentiment que vous étiez très différent de votre état habituel, plus puissant(e), plus actif(ve), plus efficace, plus attirant(e). Était-ce au point d'agir de façon irrationnelle, désordonnée, voire de franchement « décoller » au-dessus des contraintes et de la réalité habituelle ? De majorer votre consommation d'alcool ou même d'être tenté(e) par la prise de drogues ? Ou vous êtes-vous senti(e) plus créatif(ve), plus rapide, plus efficace ? Quoi qu'il en soit, ce dépistage devrait être complété par une évaluation médicale spécialisée permettant de confirmer ou d'infirmer l'existence d'un trouble bipolaire chez vous.

CHAPITRE 9

La dépression aux différentes étapes de la vie

Certaines étapes cruciales de la vie sont particulièrement exposées au risque de dépression. Nous aborderons ces étapes en cheminant avec la femme enceinte et son bébé, puis avec l'enfant et l'adolescent et enfin avec la personne âgée. Ces différentes étapes ont en commun d'être marquées par l'émergence d'un profond remaniement des sphères émotionnelles, psychiques et sociales autant que par un véritable bouleversement biologique, hormonal et corporel.

Lever le voile sur les différents visages de la dépression est difficile mais capital. Démasquer cette maladie, c'est parvenir à cerner la vraie nature d'une souffrance méconnue. Surtout, c'est pouvoir agir, quel que soit l'âge !

La dépression maternelle postnatale

Quand le bonheur se transforme en cauchemar

Voici qu'après la magnifique lune de miel de la venue de l'enfant, tout bascule brutalement dans la nuit noire et glacée de la dépression. Sentiment d'incapacité à s'occuper du tout-petit, pensées morbides et idées de culpabilité labourent douloureusement l'esprit de la jeune mère. Ses mains tremblent de devoir supporter le poids du petit corps fragile. Elle frissonne lorsque les ravissants babillements résonnent à ses oreilles comme des cris insupportables.

La dépression du post-partum surgit dans les deux mois[1] qui suivent l'accouchement du nouveau-né. Contrairement au baby-blues, état émotionnel bref quasi physiologique qui ne dure que quelques jours, la dépression du post-partum dure de plusieurs semaines à plusieurs mois, et ses conséquences sont redoutables pour toute la famille et surtout pour le nouveau-né.

Comme dans toute dépression, l'émergence d'idées suicidaires représente un risque réel, sérieux et grave de passage à l'acte dont les conséquences sont parfois dramatiques. Les suicides altruistes durant lesquels la mère tente de se faire disparaître en même temps que son enfant témoignent de l'intensité de la souffrance, du désespoir et de la gravité de la dépression.

De la délivrance à la souffrance dépressive

Les statistiques sont formelles : une mère sur dix fait une dépression après l'accouchement. Ce chiffre est considérable et

La phobie d'impulsion :
« J'ai peur de faire du mal à mon bébé malgré moi. »

« C'est abominable. J'ai des idées dont j'ai tellement horreur que je ne veux pas en parler. J'ai peur de faire du mal à mon bébé. Volontairement. Quand je vois un couteau dans la cuisine, j'ai l'impression que je ne vais pas pouvoir me contrôler et que je vais poignarder le petit… C'est insupportable, je ne sais pas quoi faire. J'ai même pensé confier l'enfant à ma mère pour qu'il ne lui arrive rien. »
Ce symptôme est fréquent durant la dépression du post-partum. Il s'agit de la phobie d'impulsion, c'est-à-dire de la peur de ne pouvoir maîtriser son comportement. Bien que très impressionnant et inquiétant, il faut rassurer les mères qui l'éprouvent en leur expliquant qu'il n'y a pas de risque effectif de passage à l'acte. Ce symptôme s'apparente en fait à la peur que certains ressentent face au vide ou à proximité d'un quai de métro : « Et si je sautais malgré moi ? » C'est une crainte, mais heureusement on ne saute pas…

cette souffrance concerne en réalité deux individus : la maman, dont la souffrance psychique est majeure, mais aussi l'enfant, dont on sait mieux aujourd'hui à quel point la qualité de l'interaction précoce avec sa mère est capitale pour son développement affectif ultérieur.

La maternité est une période à risque face à l'apparition de troubles psychiatriques. Hippocrate le signalait déjà et Esquirol décrivait dès le XIXe siècle des états d'agitation puerpéraux. Le grand aliéniste français constatait que « beaucoup de femmes ont des maladies mentales sévères secondaires à une naissance et ne reçoivent aucun soin ».

Cette réalité est malheureusement toujours d'actualité. Hormis les terribles états de psychose puerpérale, suffisamment explosifs pour conduire à une hospitalisation rapide, les capacités de dépistage demeurent largement insuffisantes face aux très nombreuses situations de mères souffrant de troubles dépressifs parfois sévères. Plus discrète et moins « bruyante » dans leur expression psychocomportementale que l'ancienne « folie des accouchées », selon la terminologie d'alors, il n'en demeure pas moins que la douleur psychique de la dépression du post-partum est insupportable et destructrice.

Accouchements traumatiques

Dans les années 1970, Monique Bydlowski et Émile Papiernik ont pour la première fois décrit la névrose traumatique postobstétricale qui survient dans les suites d'un accouchement traumatique durant lequel l'enfant est parfois mort-né. Il s'agit d'un véritable état de stress posttraumatique, caractérisé par la survenue de symptômes dépressifs, d'angoisses, de cauchemars et de flash-back rejouant inlassablement dans l'esprit de la mère les scènes les plus horribles de l'accouchement ou de la mort de l'enfant. Ces symptômes peuvent revenir à l'occasion d'une nouvelle grossesse qui réactive les insupportables réminiscences de la précédente.

BABY-BLUES OU DÉPRESSION ?

L'enfant tant attendu est enfin là ! Pourtant, alors qu'on l'imagine submergée par un immense bonheur, la jeune maman pleure pour un rien. Hypersensible, irritable, abattue, elle est en plein désarroi. Ces larmes et cette tristesse sont d'autant plus bouleversantes qu'elles contrastent avec la joie éprouvée à l'arrivée du bébé !

Ce syndrome qui touche près d'une mère sur deux survient au troisième jour après l'accouchement. Les causes de ce malaise physiologique et affectif sont la chute brutale des hormones de la grossesse, combinée à la déstructuration des rythmes de sommeil – bébé veut que l'on s'occupe de lui jour et nuit – et à la prise de conscience des nouvelles responsabilités parentales. Heureusement, en quelques jours, tout rentre spontanément dans l'ordre !

Cette « dysphorie du troisième jour », que l'on appelait autrefois « fièvre du lait », ne doit pas être confondue avec la redoutable dépression du post-partum que nous venons d'évoquer. Contrairement à la dépression, le baby-blues dure toujours moins de deux ou trois jours. Par contre, si les symptômes persistent plus de quelques jours, il faut consulter un médecin.

LE BÉBÉ PERÇOIT-IL LA SOUFFRANCE DE SA MÈRE ?

Pour un observateur extérieur, rien de plus banal qu'une mère gazouillant de concert avec son petit. Mais cette subtile interaction entre la mère et l'enfant est en réalité bien plus qu'une simple communication.

L'accordage affectif mère-bébé

« Heu, heu, heu », geint le bébé en agitant ses petits bras sur la table à langer. « Arheu, arheu », répond la maman, en lui chatouillant le ventre. Le bébé éclate de rire en croisant le regard émerveillé de sa maman.

La sphère intime et singulière qui se crée alors permet plus que l'imitation. Elle est propice à l'instauration d'un climat affectif particulier, sorte de jeu spéculaire durant lequel chacun répond aux émotions de l'autre par sa propre musique. C'est une véritable communion !

Mais cette symphonie secrète est fragile. Un souffle en dissipe les délicates harmonies.

Irritabilité, fatigue, lassitude, découragement en sont les funestes éteignoirs. La dépression en désaccorde les rythmes et la transforme en cacophonie. Sentiment d'incompréhension face aux désirs du bébé, d'incapacité à répondre à ses besoins, perte du plaisir dans la relation, dans la présence de l'autre. Ces difficultés d'accordage entre la mère déprimée et son bébé, dont on suspecte l'impact négatif sur le développement affectif du nourrisson, aggravent la souffrance morale et alimentent les ruminations morbides de la maman (« Je suis incapable de m'en occuper, je suis une mauvaise mère »).

La dépression maternelle induit donc des perturbations de l'interaction précoce mère-bébé. En outre, elle entraîne également des tensions majeures au sein du couple ou de la famille qui, souvent, ne comprend pas l'origine de la souffrance et la trouve illégitime. Le comportement du père est alors crucial, selon qu'il opte pour l'accompagnement et le soutien affectif, ou, à l'inverse, pour la dénégation de la souffrance, la culpabilisation ou l'absence.

L'enfant est si sensible à la souffrance de sa mère, qu'il arrive que ce soit lui qui indique le diagnostic au pédiatre ! Pleurs prolongés, troubles du sommeil, absence de prise de poids et anorexie, régurgitations sont souvent les signaux qui traduisent le désarroi du bébé face à une mère déprimée.

L'attachement : *secure* ou *insecure* ?

On sait que l'attachement est cet ensemble de réactions émotionnelles, physiologiques et sensorielles qui font que la mère – ou plutôt la personne qui berce, porte, soigne, protège, câline… – est unique pour l'enfant. Cet attachement se développe autour de multiples canaux de sensorialité : le contact de la peau, l'odeur, la voix, le goût du lait… Les troubles de l'attachement conditionnent la capacité de sécurité de l'enfant face au monde extérieur et ils sont parfois la source de réactions d'anxiété et de dépression ultérieures. Lorsque l'attachement est de bonne qualité, l'enfant est *secure* (sûr de lui) : à 6 ou 8 mois, il n'aura pas de réaction excessivement négative lorsque sa mère s'absentera et il pourra être confié facilement pour des périodes brèves. À l'inverse, si l'attachement est de mauvaise qualité, l'enfant sera *insecure* (non sûr de lui) anxieux et hyperréactif.
Des travaux de recherche passionnants ont montré l'impact de l'état émotionnel maternel sur le comportement du nouveau-né, à l'aide, par exemple, de l'épreuve de la « situation étrange », durant laquelle le visage de la mère demeure inexpressif face aux appels de son bébé (l'enfant peut observer sa mère à travers un miroir sans tain, tandis qu'elle ne peut ni le voir, ni l'entendre). Face à cette situation étrange, les enfants *insecures* ont une réaction souvent violente (cris, larmes, effondrement).

Soigner efficacement la dépression de la mère, c'est aussi lui permettre de retrouver la précieuse petite mélodie des émotions dont elle aime à nourrir son enfant. Les pères, dont on ne parle que trop peu, ont un rôle capital durant cette période difficile et leur capacité de soutien et d'étayage est un précieux facteur de protection contre la dépression du post-partum.

L'enfant déprimé

Vos enfants ne sont pas vos enfants. Ils sont les fils et les filles de l'appel de la vie à elle-même.

Khalil GIBRAN.

La jeune mère semble très préoccupée. Son petit garçon de 9 ans est sagement assis à côté d'elle. Très pâle, il regarde ses souliers sans relever les yeux.

« Je ne comprends plus mon enfant. Il est devenu distant, rêveur, paresseux. Ses notes se sont effondrées. Thibaud a toujours été un enfant moyen, mais ses résultats ce trimestre sont dramatiques. En plus, on dirait qu'il est jaloux de son petit frère de 3 ans. Il refuse de jouer avec lui, et il lui arrive de le frapper. On dirait qu'au lieu de nous aider il passe son temps à vouloir nous créer des problèmes. » La maman s'effondre en pleurs : « Qu'est-ce que j'ai raté dans son éducation ? Je suis trop dure avec lui ? »

La suite de l'entretien se déroule sans la mère. Thibaud semble très attaché à ses parents : sa principale préoccupation est de « leur faire plaisir », mais il a l'impression de ne rien arriver à faire correctement : « Je suis bête comme la lune et puis moche, gros et vilain. » Il dit passer ses soirées à pleurer, la tête enfouie dans l'oreiller. « Si j'étais courageux, je me tuerais. Il y a un grand couteau dans la cuisine. Plusieurs fois je l'ai pris et je l'ai mis à l'endroit du cœur, j'ai eu trop peur. Je suis vraiment nul. »

Les enfants souffrent aussi...

La médecine a mis des siècles avant de reconnaître et de prendre en charge la souffrance physique des enfants. Il en est de même de la souffrance psychique : on a longtemps supposé que l'« immaturité des instances psychiques » de l'enfant le rendait inaccessible à la dépression. On évoquait la possibilité d'une « position dépressive », considérée comme un stade maturatif, mais non comme une souffrance pathologique. Malgré les témoignages d'enfants profondément déprimés, cette conception n'a réellement été battue en brèche en France que dans les années 1980-1990. On estime aujourd'hui que 1 à 3 % des enfants sont déprimés.

Les facteurs susceptibles de majorer le risque de dépression chez l'enfant

– Les difficultés socio-économiques importantes des parents.
– La maltraitance physique, psychique ou sexuelle.
– Les antécédents de dépression chez le père ou la mère, passée ou présente.
– La dépression de la mère durant l'enfance.
– L'anxiété et le stress psychologique de la mère durant la grossesse et la petite enfance.
– La personnalité et certains traits de tempérament de l'enfant : anxiété, timidité excessive, mauvaise estime de soi, hyperréactivité émotionnelle.
– Les difficultés scolaires (y compris une pression scolaire inappropriée).
– Les événements de vie traumatiques : deuil d'un proche, séparation parentale conflictuelle, etc.

La dépression de l'enfant passe souvent inaperçue

L'apparition de difficultés scolaires, d'un refus scolaire, de troubles des conduites, de douleurs physiques (mal au ventre, à la tête) ou encore d'énurésie est l'un des masques derrière lesquels la dépression de l'enfant peut évoluer. Globalement, les symptômes dépressifs de l'enfant sont proches de ceux de l'adulte : fatigue, perte d'envie et d'énergie, troubles du sommeil, anxiété, douleurs physiques, irritabilité, tristesse, idées de suicide…

Pourquoi les dépressions de l'enfant passent-elles si souvent inaperçues ? La dépression est déjà souvent méconnue chez l'adulte. Or l'enfant n'a pas le même niveau de vocabulaire, de maturité affective et sociale et de capacités d'introspection. Il n'a pas encore de représentation claire de son niveau de fonctionnement et ne peut que rarement identifier lui-même un fléchissement dans ses capacités de concentration, de mémorisation ou de motivation. D'où l'importance de la prise en considération du discours de l'enfant, de l'attention continue portée à ses comportements, ainsi qu'à sa vie émotionnelle, sociale et scolaire. Parfois, il suffit d'observer et de parler suffisamment avec un enfant pour être en mesure de repérer l'émergence d'une maladie dépressive.

Que disent les enfants déprimés ?

« Je ne vaux pas la peine que l'on s'occupe de moi. »
« Je n'aime personne. »
« Je n'y arrive plus, c'est trop difficile. »
« Je suis devenu méchant. »
« Mes parents ne m'aiment pas. »
« J'aurais mieux fait de ne pas naître. »
« Je ne comprends rien, je suis trop stupide ! »

Dépistage de la dépression chez l'enfant[2]

Consigne (l'enfant doit remplir tout seul l'autoquestionnaire) : Il arrive que les enfants n'aient pas toujours les mêmes sentiments et les mêmes idées. Dans chaque groupe, choisis la phrase qui décrit le mieux tes sentiments et tes idées (ce que tu as fait, ressenti, pensé) *au cours des deux dernières semaines.*

A

0. Je suis triste de temps en temps où je ne suis jamais triste.
1. Je suis triste très souvent.
2. Je suis triste tout le temps.

B

2. Rien ne marchera jamais bien pour moi.
1. Je ne suis pas sûr que tout marchera bien pour moi.
0. Tout marchera bien pour moi.

C

0. Je réussis presque tout ce que je fais.
1. Je rate beaucoup de choses.
2. Je rate tout.

D

0. Des tas de choses m'amusent.
1. Peu de chose m'amuse.
2. Rien ne m'amuse.

E

2. Je suis désagréable tout le temps.
1. Je suis souvent désagréable.
0. Je suis désagréable de temps en temps ou je ne suis jamais désagréable.

F

0. De temps en temps, je pense que des choses désagréables vont m'arriver ou je n'y pense jamais.
1. J'ai peur que des choses désagréables m'arrivent.
2. Je suis sûr que des choses horribles vont m'arriver.

G
2. Je me déteste.
1. Je ne m'aime pas.
0. Je m'aime bien.

H
0. Tout ce qui ne va pas est ma faute.
1. Bien souvent, ce qui ne va pas est ma faute.
2. Ce qui ne va pas n'est généralement pas ma faute.

I
0. Je ne pense pas à me tuer.
1. Je pense à me tuer, mais je ne le ferai pas.
2. Je veux me tuer.

J
2. J'ai envie de pleurer tous les jours.
1. J'ai souvent envie de pleurer.
0. J'ai envie de pleurer de temps en temps ou je n'ai jamais envie de pleurer.

K
2. Il y a tout le temps quelque chose qui me tracasse/travaille.
1. Il y a souvent quelque chose qui me tracasse/travaille.
0. Il y a de temps en temps quelque chose qui me tracasse/travaille (ou jamais rien…).

L
0. J'aime bien être avec les autres.
1. Souvent, je n'aime pas être avec les autres.
2. Je ne veux jamais être avec les autres.

M
2. Je n'arrive pas à me décider entre plusieurs choses.
1. J'ai du mal à me décider entre plusieurs choses.
0. Je me décide facilement entre plusieurs choses.

N
0. Je me trouve bien physiquement.
1. Il y a des choses que je n'aime pas dans mon physique.
2. Je me trouve laid(e).

O
0. Je dois me forcer tout le temps pour faire mes devoirs.
1. Je dois me forcer souvent pour faire mes devoirs.
2. Ça ne me pose pas de problème de faire mes devoirs.

P
2. J'ai toujours du mal à dormir la nuit.
1. J'ai souvent du mal à dormir la nuit.
0. Je dors plutôt bien.

Q
0. Je suis fatigué(e) de temps en temps ou je ne suis jamais fatigué(e).
1. Je suis souvent fatigué(e).
2. Je suis tout le temps fatigué(e).

R
0. La plupart du temps, je n'ai pas envie de manger.
1. Souvent je n'ai pas envie de manger.
2. J'ai plutôt bon appétit.

S
0. Je ne m'inquiète pas quand j'ai mal quelque part.
1. Je m'inquiète souvent quand j'ai mal quelque part.
2. Je m'inquiète toujours quand j'ai mal quelque part.

T
0. Je ne me sens pas seul(e).
1. Je me sens souvent seul(e).
1. Je me sens toujours seul(e).

U
2. Je ne m'amuse jamais à l'école.
1. Je m'amuse rarement à l'école.
0. Je m'amuse souvent à l'école.

V
0. J'ai beaucoup d'amis.
1. J'ai quelques amis, mais je voudrais en avoir plus.
2. Je n'ai aucun ami.

W
0. Mes résultats scolaires sont bons.
1. Mes résultats scolaires ne sont pas aussi bons qu'avant.
2. J'ai de mauvais résultats dans des matières où j'avais l'habitude de bien réussir.

X
2. Je ne fais jamais aussi bien que les autres.
1. Je peux faire aussi bien que les autres si je le veux.
0. Je ne fais ni mieux ni plus mal que les autres.

Y
2. Personne ne m'aime vraiment.
1. Je me demande si quelqu'un m'aime.
0. Je suis sûr(e) que quelqu'un m'aime.

Z-1
0. Je fais généralement ce qu'on me dit.
1. La plupart du temps je ne fais pas ce qu'on me dit.
2. Je ne fais jamais ce qu'on me dit.

Z-2
0. Je m'entends bien avec les autres.
1. Je me bagarre souvent.
2. Je me bagarre tout le temps.

– 0-6 : pas de dépression ;
– 7-12 : dépression légère ;
– 13-17 : dépression modérée ;
– 18 et plus : dépression sévère.

Cette échelle de dépistage ne se substitue pas à un examen clinique. Un score supérieur à 10 doit inciter à consulter le médecin.

POURQUOI EST-IL CRUCIAL DE SOIGNER UN ENFANT DÉPRIMÉ ?

L'enfant déprimé souffre, et il souffre intensément. Cette souffrance dépressive a inéluctablement des conséquences, à court terme et à long terme. Chez l'enfant plus encore que chez l'adulte, la dépression mal soignée laisse de profondes et vivaces cicatrices.

– *À court terme*, la dépression induit une chute rapide des performances scolaires. Si les symptômes se prolongent dans le temps, les difficultés scolaires s'installent et provoquent l'entrée dans un cercle vicieux. L'échec alimente le vécu dépressif de l'enfant et accroît son sentiment d'incapacité. La dépression induit également des modifications profondes de sa capacité de sociabilisation : l'enfant se replie sur lui-même, devient irritable, voire franchement « pénible » pour l'entourage. Des troubles des conduites peuvent encore compliquer l'évolution : opposition systématique, agressivité, comportements destructeurs, fugues… Autant de situations que les parents, la famille et les professeurs ont bien du mal à comprendre et à gérer. Au désarroi initial des adultes succèdent souvent la tension, l'impatience, les réprimandes. Les punitions s'enchaînent sans effet réel. Pis, elles aggravent le sentiment profond qu'a l'enfant d'être devenu « mauvais », « méchant », « nul », et coupable des problèmes et des soucis qu'il crée à ses parents.

– *À long terme*, la dépression mal soignée de l'enfant peut fragiliser et ébranler profondément l'édification affective et sociale de sa personnalité, surtout, elle l'expose au risque de rechute plus tard dans sa vie. Une étude américaine[3] ayant suivi à long terme des enfants déprimés estime à 40 % le risque de récurrence. D'où l'importance capitale d'une prise en charge précoce, adaptée, efficace.

Comment la dépression infantile favorise la rechute à l'âge adulte

La dépression a un véritable effet corrosif sur l'estime de soi de l'enfant. Elle tend à faciliter la mise en place de schémas de pensée négatifs dont l'ancrage au plus profond de la psyché de l'enfant peut « faire le lit » de dépressions futures, à l'adolescence ou à l'âge adulte. Tout se passe comme si l'expérience dépressive précoce avait imprimé sa marque douloureuse chez l'enfant. Sa façon d'aborder les problèmes et de gérer ses émotions est intensément et durablement bouleversée. Cette expérience involontaire et délétère remodèle insidieusement sa vision intime du monde. Une nouvelle grille de lecture pessimiste imprègne son esprit. Parfois, les adultes qui ont souffert de dépression prennent conscience qu'ils réactivent involontairement des schémas de pensée négatifs anciens lors d'événements de vie difficiles. Comme cette jeune femme qui, lors d'un travail psychothérapique, s'est rendu compte qu'une séparation conjugale ayant suivi une période dépressive intense avait fait resurgir de vieux démons tapis dans l'ombre : « Personne ne peut m'aimer vraiment… je suis trop nulle… je vais finir toute seule. » Elle s'est progressivement souvenue qu'elle avait ressenti quelque chose d'identique lorsque son père avait abandonné le foyer, alors qu'elle avait 9 ans. Elle avait alors traversé une période particulièrement sombre, désespérée, durant laquelle elle avait perdu du poids, eu de mauvaises notes et fini par redoubler. L'expérience précoce de la maladie dépressive avait vraisemblablement altéré durablement l'enveloppe protectrice que constitue l'estime de soi.

Il y a donc urgence à soigner précocement la dépression de l'enfant pour éviter dans la mesure du possible les répercussions immédiates, mais aussi pour limiter les cicatrices profondes et les complications éventuelles de la maladie.

L'adolescent déprimé

Dieu sait combien de fois je me mets au lit avec le désir et quelquefois l'espérance de ne pas me réveiller ; et le matin j'ouvre les yeux, je revois le soleil, et je suis malheureux.

GOETHE.

Carpe diem

Welton, Illinois, 1959. Todd Anderson, un garçon plutôt timide et sensible est interne dans l'un des établissements les plus prestigieux d'Amérique. Dans cette école fermée, il fait, avec un groupe d'adolescents, la rencontre d'un professeur de lettres, John Keating, interprété par Robin Williams, fabuleux dans ce rôle de pédagogue atypique qui les initie aux plaisirs de l'esprit et de la vie par l'intermédiaire de la poésie : « *Carpe diem* » est la devise qui anime ce Cercle des poètes disparus qui, comme le suggérait Thoreau, tente de « sucer toute la moelle secrète de la vie ». Ce film, qui s'inspire des propres souvenirs de collège du scénariste Tom Schulman (qui remporta l'oscar du meilleur scénario original en 1990), traite avec justesse de la fragilité de l'adolescence. Todd était-il profondément déprimé lorsqu'il décida de se suicider, persuadé d'être dans une situation sans issue ?

LE SUICIDE DES JEUNES : UN DRAME INTOLÉRABLE

De quoi meurent les adolescents et les jeunes adultes ? Les deux causes les plus fréquentes de décès à cet âge sont le suicide et les accidents de la route. Certains chercheurs considèrent d'ailleurs que ces deux causes ne sont pas dénuées de lien. Les prises de risque inconsidérées, fréquentes chez l'adolescent, ne sont-elles pas de véritables équivalents suicidaires ? Cette « fureur de vivre » n'est-elle pas parfois synonyme de mal de vivre ?

Les conduites ordaliques : agir sous le jugement de dieu

Ordalie vient du latin *ordalium* : « jugement divin ». En cas de litige judiciaire entre deux personnes, Dieu était sommé par le souverain de donner son avis au travers d'une épreuve impliquant les éléments, l'eau, l'air, le feu, le poison. Le sujet mettait donc sa « main au feu » – l'expression est restée ; s'il n'était pas brûlé, il était lavé de tout soupçon.

Combats de gladiateurs, roulette russe, 180 km/h à moto sur route de campagne : quelle que soit son expression, la problématique ordalique demeure la même. C'est l'ivresse des sensations fortes qui est recherchée, le sentiment d'être différent des autres, transcender la vie monotone et le confort auxquels le commun aspire. Il s'agit de jouer avec sa vie, de flirter avec la mort.

Ajoutez à cette problématique adolescente transgressive les symptômes de la dépression et vous obtiendrez un cocktail explosif. L'impulsivité, l'ennui et le sentiment de vacuité existentielle font tomber les dernières barrières de l'instinct de survie. L'adolescent déprimé perd le sentiment de l'importance et de la préciosité de son existence. « De toute façon, je ne vaux rien et je ne ferai jamais rien de ma vie... Alors à quoi bon se prémunir contre le danger ? » Le concept de conduites ordaliques a ainsi été appliqué à certains comportements suicidaires, mais aussi aux addictions toxicomaniaques et au jeu pathologique[4].

Le drame que représentent les suicides des adolescents et des jeunes adultes est particulièrement choquant. À l'atrocité de la souffrance de la famille qui perd un des siens à la fleur de l'âge s'ajoute la colère face au manque de moyens efficaces de prévention. La mise en place de cette prévention est une urgence et une priorité de santé publique. Elle nécessite une véritable prise de conscience générale, assortie de la mise en place rapide de moyens importants, cohérents et évalués à l'échelle nationale. Un des éléments de cette politique devrait nécessairement reposer sur une information élargie de ce qu'il importe de comprendre de l'adolescence et de ses troubles fréquents. Car les parents sont, avant les médecins et infirmiers scolaires, assistantes sociales ou professeurs de collège et de lycée, les premiers interlocuteurs de leurs adolescents. Ils ont la lourde responsabilité d'être en première ligne ! Or le repérage précoce est un élément crucial pour le dépistage et la prise en charge des troubles de l'adolescent.

Le mythe de la crise d'adolescence, sur le dos de laquelle on met tout et trop, est l'un des freins majeurs à ce repérage précoce. Quel drame que le désarroi et le manque d'information de ces familles nous conduisant en consultation un enfant de 15 ou 16 ans épuisé, éreinté, laminé par une maladie évoluant déjà depuis des mois ou des années. Et ces adolescents déscolarisés, désocialisés, en totale chute libre, n'ont pas seulement à lutter contre la maladie dépressive, ils devront aussi rattraper tout le retard accumulé durant cette période fondamentale pour leur insertion sociale et professionnelle ultérieure. Que de clichés et de stéréotypes ont entravé et entravent encore aujourd'hui l'accès de ces jeunes gens à un avis compétent et à des soins efficaces !

Les parents de ces adolescents sont souvent tellement démunis qu'ils disent souvent « ne plus savoir à quel saint se vouer ».

Les adolescents déprimés sont insuffisamment pris en charge : pourquoi ?

Nous avons tenté d'analyser les principales raisons qui gênent ou retardent la prise en charge des adolescents déprimés et nous en avons identifié sept.

1. La « psychologisation » des troubles

En général, lorsqu'un adolescent va mal, la raison immédiatement évoquée par l'entourage est celle d'une « crise d'adolescence ». Ce terme, bien que ne recouvrant rien de précis, est largement utilisé pour nommer les symptômes et la souffrance des adolescents. Les explications « psychologisantes » tentent trop souvent de chercher à tout expliquer. Chacun, dans l'entourage familial et amical, a son explication pour rendre compte du mal-être de l'adolescent déprimé : peines de cœur, complexes, difficultés scolaires, divorce des parents, jeux vidéo violents, excès d'Internet ou de télévision, quand ce ne sont pas tout simplement les « hormones qui lui montent à la tête ». Tout est bon pour donner une explication immédiate à des problèmes médicaux complexes.

Pour éviter ce piège, il ne faut pas hésiter à solliciter un avis médical compétent face à un adolescent en souffrance.

2. La dénégation de la réalité des difficultés

Une façon d'évacuer les problèmes est de faire comme s'ils n'existaient pas. Le silence, l'irritabilité et l'isolement dépressifs sont ainsi interprétés comme une rébellion adolescente. De même, la chute des performances intellectuelles, donc des notes, est vue comme de la paresse, ou l'incapacité à agir, le manque de motivation et le désintérêt comme de la provocation. Cela dit, la dépression de l'adolescent est parfois particulièrement difficile à repérer, même pour des parents informés.

3. Le sentiment de culpabilité qu'éprouvent les parents

Pour de nombreux parents, l'idée que leur enfant puisse être déprimé renvoie à l'idée – le plus souvent dénuée de tout fondement – que c'est de leur faute. Il s'agit d'un mécanisme typique de surresponsabilisation des parents, qui ont tendance à s'attribuer les difficultés de leur enfant, comme s'ils étaient en permanence comptables de son comportement et de son état psychique. Comme ils ne peuvent supporter l'idée d'avoir fait quelque chose qui puisse lui nuire, ou d'avoir raté quelque chose dans son éducation, ils tendent à adopter, consciemment ou non, une attitude de dénégation des troubles. Déculpabiliser ces parents, c'est souvent leur permettre d'agir pour aider leur enfant concrètement.

4. L'excès d'attentisme

« On attend qu'il y ait un déclic… » « La situation va finir par se débloquer… » « C'est un passage un peu difficile, mais tout va rentrer dans l'ordre… » L'excès d'attentisme peut conduire à une certaine passivité vis-à-vis des troubles dépressifs de l'adolescent et, donc, à la perte de temps. Or ce temps est précieux : d'une part à cause de la souffrance et du risque suicidaire et d'autre part parce que, sur le plan scolaire, quelques mois « perdus » dans la vie d'un adolescent en classe de troisième ou de seconde sont difficiles à rattraper. Face à un adolescent en souffrance, inutile de trop attendre : une consultation médicale s'impose.

5. L'utilisation de solutions inefficaces

Le marché des substances aux vertus psychostimulantes supposées est florissant : concentrés de caféine et de vitamine C, préparations homéopathiques, mélanges exotiques de ginseng et de thé vert, solutions à base de sels de magnésium, substituts alimentaires les plus divers… La liste de ces produits est longue et les volumes de vente sont importants, notamment à l'approche des examens de fin d'année scolaire. Malheureusement, pour les adolescents déprimés qui les absorbent en espérant une amélioration, aucune de ces substances n'est véritablement efficace dans le traitement de la dépression.

6. La peur irraisonnée et viscérale de la psychiatrie

Quand on redoute quelque chose pour soi, on cherche en général à tout faire pour en protéger ses enfants. La psychiatrie, même si c'est moins vrai aujourd'hui, pâtit encore d'une image inquiétante aux yeux du grand public. Le cinéma et les médias ont beaucoup contribué à véhiculer l'image d'une psychiatrie tortionnaire et inhumaine et de psychiatres « plus fous que leurs patients ». La représentation imaginaire du monde de la « folie » effraye encore certains parents, rendant leur démarche plus difficile : il faut, là encore, les rassurer et les inciter à agir efficacement pour leur enfant.

7. La difficulté d'accès à des soins spécialisés compétents

Le manque de spécialistes formés à la pédopsychiatrie et à la psychiatrie de l'adolescent est cruel. La pénurie de structures d'accueil spécialisées et de lits d'hospitalisation pour les adolescents est dramatique dans notre pays. Dans certaines régions ou certains quartiers, les adolescents déprimés attendent des mois pour une première consultation spécialisée. Quand on connaît la gravité et la létalité potentielles de ces maladies, il est impératif que cette situation s'améliore rapidement.

Reconnaître la dépression de l'adolescent

Les symptômes de la dépression de l'adolescent sont les mêmes que ceux de l'adulte. On peut donc se référer aux outils d'aide au dépistage et aux critères présentés en début d'ouvrage. Comme chez l'adulte, c'est l'association d'une constellation de symptômes qui durent plusieurs semaines qui conduit au diagnostic : perte d'énergie, tristesse ou irritabilité, troubles du sommeil, modification de l'appétit avec perte ou prise de poids, idées noires, ralentissement de la pensée et des actions, perte des envies et du plaisir…

La dépression de la personne âgée

Les phases de transition de l'existence accroissent la vulnérabilité face à la dépression : l'adolescence, l'enfantement, la crise de la quarantaine… Mais, de toutes les étapes de la vie, la vieillesse est sans doute la plus critique, avec son cortège d'outrages physiques, cognitifs et esthétiques, et son lot de renoncements, de déchirures et de blessures narcissiques. Nul n'échappe au vieillissement, échéance inéluctable, à ses misères, à ses épreuves, à ses tourments, à ses disgrâces et à ses inévitables renoncements. Chacun le ressent, même si chacun peut en moduler l'épreuve, l'assumer et la transcender. Le déclin des capacités du corps et de l'esprit, l'amoindrissement de la résistance, les disgrâces physiques façonnent un sentiment de perte, de handicap, parfois de déchéance : blessure narcissique parfois insurmontable qui fait le lit d'un affaiblissement de l'estime de soi et peut mener vers la détresse dépressive.

Dans son rapport sur le vieillissement émis en 1998, le Comité consultatif national d'éthique pour les sciences de la vie et de la santé (Cnes) déclarait : « L'espérance moyenne de vie de l'homme connaît depuis plusieurs décennies la phase de croissance la plus rapide de toute l'histoire de l'humanité. En France, il est d'ores et déjà acquis que, dès 2010, il y aura plus de personnes de plus de 60 ans que de personnes de moins de 20 ans. Les plus de 60 ans qui étaient 11 millions en 1990 seront 16 millions en 2015. Dès 1997, la moitié des femmes et le quart des hommes de notre pays pouvaient espérer atteindre 85 ans. Cette longévité va encore progresser… » Les déterminants de cette longévité demeurent encore largement mystérieux. L'environnement au sens large – familial, social, professionnel, mais également nutritionnel, chimique, biologique – au sein duquel l'individu a évolué tout au long de sa vie influence non seulement la durée de la vie mais aussi la qualité du vieillissement.

On a également découvert l'existence de gènes directement impliqués dans les processus de vieillissement biologique.

Biologie du vieillissement

Un certain nombre de « gérontogènes », gènes impliqués dans le vieillissement, ont été découverts au cours des dernières années. Ils regroupent différentes familles de gènes qui influencent différents processus cellulaires. Certains de ces gènes ont la capacité de réduire le rythme de la division cellulaire, grâce à laquelle les tissus se renouvellent tout au long de l'existence. D'autres gènes sont impliqués dans l'apoptose, phénomène mieux connu sous le nom de « mort cellulaire programmée ». Ils ont la propriété de déclencher un processus biologique qui conduit à la mort cellulaire. D'autres gènes encore ne s'expriment que tardivement au cours de la vie, voire exclusivement au cours de la vieillesse. L'expression de certains de ces gènes augmente la concentration de radicaux libres et d'enzymes destructrices dont l'action va entraîner une destruction tissulaire progressive. Chez l'animal, les mutations de certains de ces gènes peuvent augmenter la longévité.
Le vieillissement fait intégralement partie du plan d'évolution biologique de l'individu et semble en partie génétiquement prédéterminé bien avant la naissance.

Vieillissement et dépression

D'après différentes études, 10-15 % des personnes âgées de plus de 65 ans et 20 % des plus de 75 ans souffrent de dépression majeure. En institution, ces chiffres augmentent considérablement puisque l'on considère que la prévalence de la dépression en maison de retraite est comprise entre 20 et 45 % ! On estime, en outre, que de nombreuses personnes âgées déprimées ne sont pas diagnostiquées ni traitées.

Les facteurs de risque de dépression chez la personne âgée

– Isolement, solitude.
– Perte du conjoint.
– Institutionnalisation : hospitalisation en long séjour, maison de retraite.
– Pauvreté, précarité.
– Maladie physique grave et douleur chronique.
– Handicap et dépendance.
– Changement de domicile.
– Facteurs iatrogènes (médicaments de la famille des bêtabloquants, corticoïdes, certains antihypertenseurs).
– Antécédents de dépression au cours de la vie.

Enfin, il faut signaler que les suicides des plus de 60 ans représentent environ un tiers du total des suicides. En outre, il semble bien que le suicide des personnes âgées soit en augmentation dans les pays développés et les moyens utilisés sont souvent brutaux (pendaison, arme à feu, défenestration), surtout chez les hommes âgés.

Concernant la dépression, les symptômes sont les mêmes que chez l'adulte, même s'il existe chez le sujet âgé des spécificités cliniques comme l'apathie, l'agressivité, les plaintes concernant la mémoire, les douleurs physiques ou l'impression d'être un poids pour les autres.

DÉPISTAGE DE LA DÉPRESSION CHEZ LE SUJET ÂGÉ[5]

Entourer la bonne réponse, en se référant à la période des quinze derniers jours.

	OUI	NON
Êtes-vous dans l'ensemble satisfait(e) de votre vie ?	0	1
Avez-vous renoncé à nombre de vos activités et intérêts ?	1	0
Avez-vous le sentiment que votre vie est vide ?	1	0
Vous ennuyez-vous souvent ?	1	0
Êtes-vous de bonne humeur la plupart du temps ?	0	1
Avez-vous peur qu'il vous arrive quelque chose de mauvais ?	1	0
Êtes-vous heureux(se) la plupart du temps ?	0	1
Vous sentez-vous souvent faible et dépendant(e) ?	1	0
Préférez-vous rester chez vous, plutôt que de sortir et faire quelque chose de nouveau ?	1	0
Estimez-vous avoir plus de troubles de la mémoire que la plupart des gens ?	1	0
Vous dites-vous qu'il est merveilleux d'être vivant en ce moment ?	0	1
Vous sentez-vous inutile tel(le) que vous êtes aujourd'hui ?	1	0
Vous sentez-vous plein(e) d'énergie ?	0	1
Avez-vous l'impression que votre situation est désespérée ?	1	0
Croyez-vous que la plupart des gens soient plus à l'aise que vous ?	1	0
Total		

Résultat :
– Score total inférieur ou égal à 4 : absence d'état dépressif.
– Score total compris entre 5 et 11 : probable état dépressif modéré.
– Score total supérieur ou égal à 12 : état dépressif sévère.

Le syndrome de glissement

Les syndromes de glissement, conséquences d'un veuvage tardif, d'une maladie physique grave, ou d'un transfert en maison de retraite mal accepté, représentent un état médical grave associant refus de s'alimenter, refus de soins, dénutrition et déshydratation rapide qui mettent rapidement en péril la vie du sujet : tous ces symptômes sont parfois la conséquence d'un état dépressif sous-jacent.

Le syndrome de glissement s'aggrave très rapidement et un état de confusion psychique s'installe souvent brutalement, avec perte complète des repères dans l'espace et dans le temps, agitation, agressivité, insomnies et parfois visions hallucinatoires. Les fonctions vitales se détériorent rapidement et précipitent l'évolution fatale, qui survient dans plus de 30 % des cas malgré des traitements conduits en milieu hospitalier. C'est dire toute l'urgence et la gravité de telles situations.

Dépression ou maladie d'Alzheimer ?

En France, on estime que 600 000 personnes de plus de 75 ans sont atteintes par la maladie d'Alzheimer – la cause la plus fréquente de démence –, et l'on dénombre près de 200 000 nouveaux cas par an. Nous l'avons dit, une dépression peut débuter après l'âge de 65 ans. Lorsque c'est le cas, l'élimination systématique d'une forme débutante de démence est fondamentale. En effet, il est fréquent que les premiers symptômes d'une maladie neurodégénérative soient d'expression psychiatrique et miment ceux d'une dépression. L'apathie, l'agressivité, le manque de motivation, l'anxiété ou les visions hallucinatoires sont parfois les tout premiers symptômes d'une démence. Cette recherche d'une forme débutante de maladie neurodégénérative est cruciale, car il existe aujourd'hui des traitements efficaces qui permettent de ralentir l'évolution de ces troubles, à condition qu'ils soient institués le plus précocement possible. En cas de doute, le médecin traitant orientera vers une « consultation mémoire » spécialisée et prescrira une investigation du cerveau par imagerie cérébrale de type IRM.

Les signes qui peuvent alerter et orienter vers une démence, plus que vers une dépression, sont :

– *La perte des repères* dans le temps et dans l'espace. À des stades avancés de démence, il arrive que la personne se perde plus facilement, ou bien ne sache plus situer la date.
– *Les troubles de la mémoire des faits récents*. Ce trouble électif de la mémoire à court terme rend possible les souvenirs anciens, qui sont souvent très précis et décrits de façon minutieuse. Par contre, dès que l'on aborde les sujets plus récents (le repas de la veille, la dernière lecture, les informations télévisées…), les réponses sont floues, imprécises, évasives.
– *L'absence de prise de conscience de ces troubles*. Alors que le déprimé souffre de son état et exprime son sentiment d'incapacité et de perte, la personne souffrant de démence n'a pas toujours une pleine conscience de ses difficultés.

Un test de dépistage rapide des troubles de la mémoire chez la personne âgée

Il s'agit d'un test simple et rapide de dépistage des troubles de la mémoire chez la personne âgée de plus de 65 ans.
Les conditions dans lesquelles ce test est proposé sont importantes. Il faut que la personne en accepte le principe et en comprenne bien l'objectif. Surtout, si l'on sent qu'elle est trop anxieuse et que ce test risque de la majorer inutilement, mieux vaut s'en remettre au médecin traitant pour sa réalisation ! Ce test nécessite l'aide d'une tierce personne qui pose les questions.
« Il faudrait tenter de mémoriser les cinq mots suivants : éléphant, mimosa, abricot, chemisette, accordéon. Quels sont les cinq mots ? »
Si le rappel spontané des mots est difficile ou impossible, vous devez

aider la personne en lui proposant un ou deux indices. Ces indices seront la catégorie à laquelle appartient le mot (par exemple : « C'est un nom d'animal ») et, si cela ne suffit pas, donnez la première lettre (« Cela commence par un E »).

« Il faudrait tenter de placer les chiffres des heures autour du cadran puis dessiner les aiguilles de la montre en les plaçant sur 11 h 10. » La consigne peut être expliquée à nouveau si nécessaire et on doit laisser la possibilité de faire plusieurs essais !

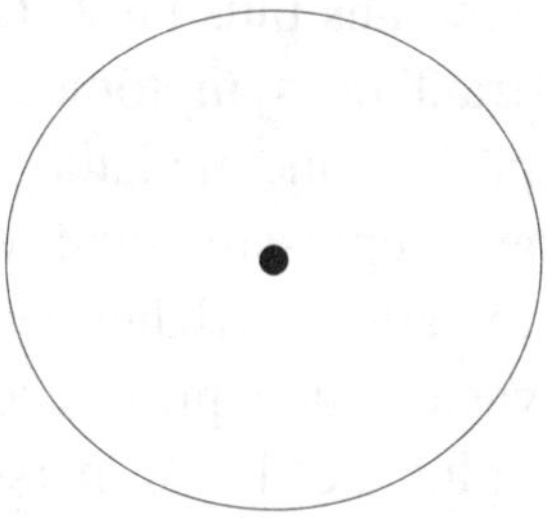

« Je vais poser quelques questions concernant l'orientation dans le temps et l'espace. Certaines sont vraiment très simples. Il faut simplement essayer de répondre au mieux :
– En quelle année sommes-nous ?
– En quelle saison ?
– En quel mois ?
– Quel jour du mois ?
– Quel jour de la semaine ?
– Quel est le nom de la rue où nous sommes ?
– Dans quelle ville ?
– Dans quel département ? »

« Pour terminer, j'aimerais savoir s'il est possible de retrouver les cinq mots de toute à l'heure ? » Les indices peuvent être à nouveau utilisés pour aider la personne à retrouver les cinq mots.

La présence de difficultés réelles lors de la réalisation de l'une ou l'autre de ces épreuves simples de dépistage incite à proposer de réaliser un bilan complet en consultation mémoire (par exemple, si le nombre de mots retrouvés après avoir donné des indices est inférieur ou égal à 3, ou bien s'il est impossible de situer correctement les aiguilles de l'horloge).

La dépression augmente-t-elle le risque de maladie d'Alzheimer ?

Il s'agit d'une question ouverte à laquelle les chercheurs tentent encore aujourd'hui de répondre.

Une étude réalisée à Manhattan a montré que le fait de souffrir de symptômes dépressifs multiplie par deux le risque de maladie d'Alzheimer cinq ans plus tard[6]. Dans une autre étude[7], 17 % des sujets souffrant de symptômes dépressifs ont développé au bout de sept ans une maladie d'Alzheimer. Plus le nombre de symptômes dépressifs était élevé, plus le risque d'être atteint d'une maladie d'Alzheimer était important. En revanche, dans une vaste étude plus récente[8] portant sur une population rurale de plus de 1 000 personnes suivies durant douze ans, l'existence de symptômes dépressifs ne permettait pas de prédire l'apparition d'une démence. Si certaines études, et certaines études seulement, suggèrent donc qu'une personne âgée présentant des symptômes dépressifs voie son risque de maladie d'Alzheimer augmenter, il serait en revanche bien prématuré de prétendre qu'un traitement antidépresseur peut retarder, voire diminuer le risque de maladie d'Alzheimer…

En outre, les symptômes les plus précoces de démence sont parfois des signes qui ressemblent à la dépression. Les liens entre dépression et démence sont donc complexes : des recherches sont en cours pour mieux comprendre leur intrication.

CHAPITRE 10

Les psychothérapies de la dépression

Querelles de chapelle, absence de réglementation du titre de psychothérapeute, rapport de l'Inserm évincé... Au-delà des polémiques qui ternissent leur image, comment s'orienter dans le monde étrange et mystérieux des thérapies de la psyché ? Surtout, à quoi servent réellement les psychothérapies dans la dépression ? Leur efficacité est-elle clairement démontrée ? Qui sait les pratiquer avec compétence ? Sont-elles indispensables à la guérison de la maladie ? Aident-elles à prévenir les rechutes ? À devenir moins « fragile » à l'avenir ? Pour de nombreuses personnes, l'idée qu'il existe une technique « naturelle », non médicamenteuse, rassure et redonne espoir. Les psychothérapies peuvent fortement contribuer à guérir la dépression. Mais elles ne sont pas magiques et ne se substituent pas aux médicaments lorsqu'ils sont nécessaires. En outre, leur délai d'action est long et elles pâtissent d'un manque d'efficacité dans les formes sévères de dépression. Utilisés à bon escient, réalisés par un praticien qui connaît bien la clinique dépressive et qui œuvre en bonne coordination avec le médecin traitant, ces outils thérapeutiques peuvent, en revanche, apporter un bénéfice considérable et soulager bien des souffrances.

Que peut-on attendre de la psychothérapie dans la dépression ?

J'ai décidé d'être heureux parce que c'est bon pour la santé.

VOLTAIRE.

Plus que jamais, la psychothérapie est un terme éminemment pluriel. Inutile de prétendre à l'exhaustivité en ce domaine. Les techniques pratiquées à l'heure actuelle regroupent notamment la psychanalyse et tous ses courants dissidents postfreudiens, les approches cognitivo-comportementales, les thérapies familiales et systémiques, la Gestalt-thérapie, l'analyse transactionnelle, les thérapies interpersonnelles, la programmation neurolinguistique, l'hypnose éricksonnienne, les thérapies psychocorporelles, l'intégration neuroémotionnelle par les mouvements oculaires (EMDR).

UNE PERSPECTIVE PRAGMATIQUE

Au-delà de la question du choix de la méthode et du thérapeute, il faut tenter de répondre pragmatiquement à la vraie question de fond : « Que peut réellement la psychothérapie dans le traitement de la dépression ? Quelles sont ses limites ? »

Les psychothérapies sont des outils et, à ce titre, comme tous les outils, elles ont leur utilité et leurs limites. Utilisées à bon escient, par un praticien spécifiquement formé dans le domaine de la dépression et conscient des limites de cet outil, elles peuvent se révéler d'une aide considérable. Mais un praticien qui affirmerait que l'approche psychologique seule peut soigner une dépression profonde est irréaliste, incompétent et dangereux. Lorsque l'esprit est envahi par les idées noires et l'obsession du suicide, la psychothérapie n'est malheureusement pas plus efficace qu'un cautère sur jambe de bois. D'ailleurs, Sénèque disait : « Les petites souffrances parlent, les grandes se taisent. »

Leurs vertus thérapeutiques les plus manifestes s'observent dans les formes légères de dépression. Elles sont également très

L'investigation de l'âme

Avant de se « précipiter » chez ce psychothérapeute qui vient de vous être très vivement recommandé par tel ou tel ami, une première rencontre s'impose : celle d'un médecin. Cette rencontre avec un professionnel de la santé – généraliste ou spécialiste – est essentielle. Le temps d'une ou de plusieurs consultations, ce clinicien va explorer soigneusement tous les aspects de la dépression : son intensité, ses déterminants, ses complications.

Il recherchera d'éventuelles causes médicales, examinera et prescrira des analyses biologiques complémentaires (l'inactivité de la glande thyroïde est une cause organique de dépression dont la recherche est systématique). Au cours de cet échange, le médecin mènera une véritable « investigation de l'âme ».

L'art de l'interrogatoire doit le guider vers l'identification de « dangereux suspects » : solitude mortifère, ruminations noires, desseins suicidaires cachés… Le médecin propose parfois de rencontrer la famille et discute la pertinence d'un traitement médicamenteux et d'un arrêt de travail.

Cette étape est avant tout une rencontre humaine. C'est souvent le premier pas vers la prise de conscience de la détresse et vers une reprise d'espoir. Cet interlocuteur n'est pas tout-puissant, mais sa disponibilité rassurante, son expérience et la qualité de son écoute laissent déjà entrevoir la possibilité d'une guérison. C'est dans le cadre de cette relation de confiance que se posera légitimement la question de la psychothérapie et que seront donnés les meilleurs conseils sur le choix d'un psychothérapeute – qui peut être médecin ou psychologue – et d'une technique.

précieuses après la guérison et s'intègrent pleinement au sein des différentes stratégies de prévention des rechutes.

Opposition ou synergie entre la psychothérapie et l'approche médicale ?

« Si seulement je trouvais enfin le psy qui sache mettre les bons mots, aller au fond de moi et dénouer tout cela définitivement… », nous disait un patient gravement déprimé qui s'opposait depuis des années à tout traitement médical. Cet homme sympathique et cultivé, professeur d'université à la retraite, sortait tout juste d'une hospitalisation en réanimation après une tentative de suicide par pendaison. À l'issue de huit années de « psychothérapies multiples et intensives », il nous relatait un périple qui n'était pas sans évoquer l'irrésistible *Thérapie* de David Lodge. Prendre un médicament aurait été pour lui un renoncement, une abdication de soi, un deuil de son intégrité psychique.

Il faut constater la force des attentes d'une guérison fondée sur une approche purement psychothérapique. Que d'espérances – souvent cruellement déçues – en ces fabuleuses promesses véhiculées par les médias. Surtout, que dire de cette ligne de démarcation imaginaire entre un traitement médical – volontiers suspect de troubler la chimie de l'âme et de « dénaturer » la personnalité – et une approche « douce et naturelle » dont la psychothérapie constituerait le fer de lance. Cette croyance en une approche psychologique *light*, dénuée de tout effet secondaire, est fondée sur l'opposition arbitraire entre le corps et l'esprit. Pourtant, la maladie dépressive suppose, au même titre que le diabète, un certain substrat organique. Mais, à la différence de l'hypoglycémie diabétique, l'humeur ne se mesure pas à l'aide de tests biologiques. Encore une fois, pourquoi ne pas éviter toute perte de chance de guérison en choisissant la synergie d'outils thérapeutiques efficaces plutôt que leur opposition de principe !

Quant à notre patient professeur d'université, malgré tous nos efforts, nous avons échoué à le convaincre d'essayer un traitement par antidépresseurs. Nous respectons sa décision mais, à chaque nouvelle entrevue, nous sommes profondément bouleversés par l'intensité de sa souffrance. En dépit du dévouement sincère et de la compétence de son psychothérapeute, cet homme continue de ployer sous le fardeau d'une poignante détresse dépressive.

Il est impossible d'affirmer avec certitude qu'un traitement antidépresseur associé à sa psychothérapie lui procurerait un soulagement rapide et efficace, au même titre qu'il est impossible de prédire si un traitement antibiotique guérira une infection. Mais l'existence de moyens capables de soulager la douleur n'entraîne-t-elle pas l'obligation éthique et morale de tenter de convaincre ceux qui souffrent d'en faire au moins l'essai ?

Quelles sont les psychothérapies utilisées en France pour soigner la dépression ?

Il existe aujourd'hui en France essentiellement deux courants psychothérapiques dominants utilisés dans la prise en charge des formes modérées de dépression. Le premier est la psychothérapie d'inspiration analytique. Largement supérieure par le nombre de thérapeutes formés, c'est de loin la thérapie la plus répandue et la mieux ancrée en France. Le second est la thérapie comportementale et cognitive. De mouvance anglo-saxonne, cette forme de thérapie largement répandue dans les pays anglo-saxons demeure minoritaire en France.

La psychothérapie d'inspiration analytique

Inspirée de la psychanalyse, courant traditionnel le mieux implanté en France, la psychothérapie d'inspiration analytique correspond à un aménagement de la méthode analytique. Les séances sont réalisées en face à face et il existe une interaction entre le psychothérapeute et le patient. L'accent est mis sur l'identification de conflits inconscients liés à l'histoire infantile. La durée de cette psychothérapie est fonction de l'évolution clinique.

Les outils sont les mêmes que ceux de l'analyse : associations libres, interprétations des rêves, travail sur le transfert, mise au jour de situations traumatiques anciennes… Toutefois, contrairement à la situation de la cure analytique type durant laquelle le praticien est dans une position d'écoute « neutre et bienveillante », en retrait derrière le patient allongé, la thérapie d'inspiration analytique se déroule dans un cadre plus interactif et flexible. Lors d'une rencontre le plus souvent hebdomadaire, assis l'un en face de l'autre, le patient et son thérapeute tentent de faire émerger le « matériel psychique » susceptible de dévoiler les failles les plus profondes de l'identité et de rendre compte des souffrances actuelles.

Principale limite : il arrive parfois que, malgré les efforts et la bonne volonté, le cadre analytique ne convienne pas au patient déprimé. L'incapacité d'une élaboration psychique peut alors devenir la source d'angoisse, de frustration, de culpabilité.

> Les détracteurs de l'approche psychanalytique reprochent l'absence de données scientifiques étayant son efficacité thérapeutique dans la dépression.
> Ses partisans insistent sur la singularité et la subjectivité de cette technique dont les bienfaits psychiques sont trop complexes pour pouvoir être mesurés de façon standardisée.

LES THÉRAPIES COMPORTEMENTALES ET COGNITIVES (TCC)

Ces techniques descendent en droite ligne du courant behaviouriste et de la psychologie de l'apprentissage et regroupent un certain nombre d'approches complémentaires qui visent à modifier les comportements, les pensées et les émotions. Fondées sur la réduction directe des symptômes, ces thérapies se veulent pragmatiques, brèves et ciblées. Les programmes de TCC de la dépression sont en général très structurés et durent deux à quatre mois.

Un des volets de la thérapie consiste à mettre en place un calendrier d'activités susceptibles d'engendrer du plaisir. Cinéma, lecture, pratique d'une activité sportive : toutes ces activités de loisir sont souvent abandonnées lors de la dépression. L'absence d'envie et l'anesthésie affective catalysent le renoncement. L'inactivité enclenche de nouvelles ruminations sur l'incapacité et l'échec. L'objectif thérapeutique est donc double : « réinjecter » du plaisir dans le quotidien et bloquer les ruminations par l'action. L'autre volet consiste à identifier et à corriger les schémas de pensée négatifs profondément ancrés qui alimentent en salve les ruminations négatives.

Principale limite : il est demandé au patient de pratiquer quotidiennement des exercices et de s'impliquer très activement dans la thérapie. Une fatigue dépressive trop importante peut donc entraver ce travail et induire découragement et sentiment d'échec.

Les détracteurs de l'approche cognitivo-comportementale lui reprochent de n'agir que superficiellement sur les symptômes et non sur le fond de la problématique psychique.
Ses partisans insistent sur le fait que les symptômes sont l'épicentre de la souffrance et de la détresse et qu'il importe de les soulager rapidement.

Quelle efficacité ?

En 2004, suite à la publication du rapport de l'Inserm sur l'évaluation des psychothérapies[1], la polémique a fait rage. En substance, selon ce rapport, les thérapies comportementales et cognitives ont clairement fait la preuve scientifique de leur efficacité à travers plusieurs essais thérapeutiques. Ce qui n'est pas le cas à l'heure actuelle – cela n'est un mystère pour personne – des psychothérapies d'inspiration analytiques. Nuance importante, l'absence de substrat scientifique suffisamment fort ou de résultats statistiquement probants ne signifie pas que ces psychothérapies n'aident pas les patients.

Cette approche de type *Evidence Based Medicine* – mouvance pragmatique typiquement anglo-saxonne reposant sur l'accumulation de preuves scientifiques solides et vérifiables – a heurté de plein fouet une certaine conception psychanalytique traditionnellement ancrée sur l'idée de singularité et de subjectivité de la souffrance psychique. Finalement, le rapport de l'Inserm a été publiquement désavoué par le ministre de la Santé de l'époque.

Les violentes querelles qui ont alors agité le monde de la psychothérapie française avaient également d'autres ressorts que ceux de l'efficacité thérapeutique. En toile de fond, d'importantes questions de société relatives au remboursement par la Sécurité sociale et à la réglementation du statut de psychothérapeute.

Ce houleux débat aura-t-il au moins permis à la collectivité de mieux redéfinir les véritables enjeux de la psychothérapie ? De décider si la Sécurité sociale peut et doit continuer à rembourser les séances de thérapie dont l'efficacité médicale n'est pas prouvée ? S'il faut situer ces enjeux sur le terrain de l'efficacité médicale ou sur celui du bien-être subjectif ?

Surtout, comment les principaux intéressés – les patients souffrant de dépression – ont-ils perçu ces querelles de chapelles ? Avec une curiosité amusée ou bien incompréhension et désarroi ?

Les bénéfices de la psychothérapie à long terme

C'est dans le domaine de la prévention de la récurrence dépressive que les psychothérapies – en particulier les thérapies comportementales et cognitives – ont suscité un intérêt scientifique considérable et un espoir majeur pour les patients.

Prévenir le retour des ombres

Nous savons que 20 à 25 % des femmes et 7 à 12 % des hommes souffriront d'une dépression au cours de leur vie. Dans près de 50 % des cas[2], la survenue d'un premier épisode dépressif inaugurera l'entrée dans une maladie dépressive récurrente. C'est un visage plus inquiétant que celui que nous connaissions de la dépression qui se dévoile ainsi : celui d'une maladie insidieuse, invalidante et chronique.

Outre la détresse psychique et le risque élevé de suicide, il est maintenant établi que le niveau de handicap fonctionnel induit par la dépression est élevé et comparable à celui de maladies physiques graves. L'un des indicateurs de ce handicap fonctionnel est par exemple le nombre de journées alitées en raison de la maladie. Beaucoup seraient sans doute surpris d'apprendre que si les patients atteints de maladie pulmonaire sont alités 1,2 jour/mois et les diabétiques 1,15 jour/mois, les patients dépressifs le sont plus encore, avec 1,4 jour d'alitement par mois en moyenne[3]. Par ailleurs, les personnes souffrant de dépression ont cinq fois plus de journées d'arrêt de travail que leurs collègues bien portants[4] ! Cette prise de conscience fait aujourd'hui de la dépression un véritable défi de santé publique. L'utilisation de la psychothérapie pour prévenir les récurrences dépressives suscite pour cette raison un enthousiasme considérable.

GUÉRIR À LONG TERME

En 1998, une quarantaine de patients dépressifs ont accepté de se soumettre à un essai thérapeutique cherchant à mesurer si la thérapie comportementale et cognitive (TCC) permettait de diminuer leur risque de rechute à long terme[5]. Ces patients étaient d'autant plus motivés qu'ils avaient déjà souffert d'au moins trois épisodes de la maladie. Après guérison de l'épisode dépressif grâce aux antidépresseurs, ces patients ont été répartis au hasard entre deux groupes : le premier groupe a été soigné par thérapie comportementale et cognitive ; l'autre a bénéficié d'un simple suivi médical. Les résultats de l'étude ont été spectaculaires : alors que 80 % des patients sans psychothérapie avaient rechuté au cours des cinq années de suivi, dans le groupe de ceux qui avaient bénéficié de la TCC, le taux de rechute était tombé à 25 % !

Ces mêmes patients ont accepté de continuer à être suivis sur une période encore plus longue. L'idée était d'observer les taux de rechute sur une durée de plus de cinq ans, et les résultats de cette nouvelle étude ont été publiés en 2004[6]. Plus de six ans après le début de l'étude, le risque de rechute dans le groupe n'ayant pas bénéficié de la TCC était de 90 %, alors qu'il était de 40 % chez les patients ayant suivi une thérapie. On a reproché à ces études de n'avoir concerné qu'un petit groupe d'une quarantaine de patients, mais une autre équipe de chercheurs a trouvé sensiblement les mêmes résultats sur un groupe d'environ deux cents patients[7].

Il est certes nécessaire et indispensable de soigner la dépression durant sa phase active. Les antidépresseurs sont une arme efficace durant cette période. Toutefois, la guérison gagne certainement à être consolidée par la prise en considération des problématiques psychiques profondes et la mise à nu de difficultés existentielles souvent très anciennes.

Lutter contre la vulnérabilité cognitive et émotionnelle qui conduit à la rechute dépressive : le « *mindfulness* »

Durant l'enfance et l'adolescence, des croyances et des schémas de pensée profonds se mettent en place en fonction de l'éducation et des événements de vie. Certains de ces apprentissages tendent à devenir des sortes de boucles au même titre que les routines qui nous permettent d'ouvrir une porte avec une clé ou de conduire une automobile de façon spontanée.

Ces schémas de pensée constituent une sorte de grille de lecture intérieure, une carte personnelle du monde qui confère une coloration émotionnelle et une façon de réagir particulières face à tel ou tel type de situation.

L'apprentissage précoce durant le développement de schémas de pensée négatifs (« si je ne réussis pas toujours, je suis nul » ou bien « personne ne peut m'aimer vraiment ») induit des « attitudes dysfonctionnelles ». Intolérance à la critique et au rejet, tendance à l'autodérision et ruminations négatives, perfectionnisme anxieux et sentiment d'insatisfaction profonde : ces « programmes » semblent justement jouer un rôle décisif dans la survenue d'une rechute dépressive.

En outre, les processus cognitif et affectif qui conduisent à la rechute pourraient être plus complexes encore. Certaines études récentes suggèrent que les patients qui ont déjà subi un épisode dépressif au cours de leur vie ont malgré eux gardé une trace profonde et indélébile, sorte de conditionnement involontaire et d'intolérance aux émotions tristes. Chat échaudé craint l'eau froide… Les personnes ayant souffert de dépression, bien que guéries depuis des mois, continueraient ainsi d'activer spontanément des schémas de pensée négatifs lorsque leur humeur diminue[8], comme si elles réveillaient malgré elles l'association entre émotions négatives, ruminations morbides et détresse morale. Une légère angoisse ou une tristesse modérée suffirait ainsi à réactiver spontanément les schémas négatifs (« je suis nul, je ne vaux rien, je n'ai que des problèmes »). À chaque nouvel épisode, les circuits de ce conditionnement dépressif seraient encore

renforcés et deviendraient de plus en plus sensibles, aggravant le risque d'une nouvelle rechute.
Un des prolongements récents de la TCC, le *mindfulness*, ou « thérapie cognitive et émotionnelle fondée sur la pleine conscience », propose une série de techniques – intégrant notamment des outils issus de la méditation – visant à améliorer le niveau de tolérance et d'acceptation des états émotionnels négatifs[9]. En apprenant à mieux tolérer les émotions de tristesse ou d'anxiété, on peut parvenir à désamorcer les réactions en chaîne cognitives et affectives qui conduisent vers la dépression.

Guérir à long terme nécessite donc de « défaire » les aménagements psychiques néfastes induits par la dépression et de parvenir à soigner les blessures cachées de l'âme.

Que cette psychothérapie soit réalisée avec un praticien formé à la TCC ou à la psychanalyse importe sans doute moins que la qualité de l'écoute et du savoir-faire dispensés, ou que le chemin parcouru ensemble ! Avant tout, il importe de se sentir en confiance, véritablement accompagné et pris en charge par un praticien dont l'humanité, la fiabilité et la disponibilité sont les meilleurs gages de compétence.

CHAPITRE 11

Les traitements biologiques

Les Français consomment-ils trop d'antidépresseurs ? Assiste-t-on à une réelle dérive de la prescription de psychotropes dans notre pays ? Quels sont les limites et les dangers de ces médicaments ? Les progrès récents des traitements biologiques réactualisent plus que jamais ces questions fondamentales. En effet, l'arsenal thérapeutique de la dépression s'est considérablement enrichi : nouvelles molécules, stratégies d'association... Ces avancées ouvrent de nouveaux espoirs : la dépression est une maladie qui se guérit !

Faut-il se méfier des antidépresseurs ?

Qu'on prenne du pavot broyé dans du lait pur,
Qu'on le mêle à du miel à peine extrait,
Vénus, conduite à son mari fou de désir,
Quand elle en but, devint alors sa femme.

OVIDE.

Dans les *Fastes*, Ovide vante ici les mérites insoupçonnés de la thériaque, remède antique contre la tristesse et la mélancolie. Sa préparation nécessitait le mélange d'une multitude d'ingrédients différents. La thériaque était utilisée initialement pour combattre les effets des morsures de serpents venimeux. Progressivement, son usage s'étendit à de nombreuses maladies. La recherche d'une panacée universelle efficace contre tous les maux du corps et de l'esprit évolua vers la combinaison d'une centaine de substances. Andromaque, médecin de Néron, y mêlait de la chair de vipère...

L'opium s'imposa vite comme le principe actif le plus puissant de la potion. La thériaque de Galien, qui contenait aussi de nombreuses épices, contribua à la diffusion de l'opium en Europe. Grâce à cette mixture qui soulageait les maux de tête de Marc Aurèle, Galien fut récompensé par la médaille d'or d'« empereur des médecins ». La thériaque continua d'être utilisée jusqu'au XIXe siècle.

Les antidépresseurs modernes se situent dans une démarche totalement inverse de celle qui a conduit à la composition de la thériaque. Le miel frais, le pavot broyé ou la chair de vipère ont été quelque peu abandonnés... Surtout, ces médicaments sont composés d'une molécule unique dont le mécanisme d'action tend à devenir de plus en plus précis et ciblé.

Les Français consomment-ils trop de psychotropes ?

Les Français sont les premiers consommateurs de psychotropes en Europe. Le débat sur le sujet est polémique et passionné. Les médias rappellent régulièrement qu'« un Français sur quatre a consommé au moins un médicament psychotrope au cours des douze derniers mois » et que « les médicaments psychotropes se situent au deuxième rang derrière les antalgiques pour le nombre d'unités prescrites ». Ces chiffres sont volontiers culpabilisants tant pour les patients qui les utilisent, que pour les médecins qui les prescrivent. La lecture de l'étude de l'Inserm diligentée par le Parlement en 2006[1] révèle une réalité nuancée et contrastée : par exemple, la durée moyenne de consommation de psychotropes en France est plus courte que celle relevée au sein des autres pays européens.

En outre, la comparaison des volumes de vente des antidépresseurs avec ceux d'autres pays est-elle réellement le meilleur critère de qualité des soins ? L'objectif français de santé publique est-il de se situer dans la « moyenne » européenne des ventes, ou bien correspond-il à la volonté de guérir efficacement le maximum de patients déprimés et de prévenir les rechutes de la maladie ? Selon le rapport de l'Inserm, « moins d'une personne sur trois souffrant de dépression en France bénéficie d'un traitement approprié ».

Comment expliquer que deux déprimés sur trois ne soient pas correctement soignés ?

L'absence de la mise à disposition d'un traitement efficace de la dépression concernerait principalement la tranche des

15-34 ans. Il faut rappeler que le suicide constitue l'une des premières causes de mortalité. C'est justement dans cette tranche d'âge que le suicide constitue la première cause de mortalité… Or près de 80 % de ces suicides sont réalisés par des sujets déprimés : ne pourrait-on mieux les prévenir si les individus qui les réalisent étaient dépistés et efficacement soignés ?

Au fond, la question la plus importante n'est-elle pas de déterminer si l'augmentation de la consommation des antidépresseurs en France est un problème ou au contraire le témoin d'une meilleure prise en charge des troubles psychiques ? Qui déplorerait l'augmentation des ventes de médicaments antiasthmatiques alors même que le dépistage de cette maladie progresse d'année en année ?

Environ 5 % des Français prennent des antidépresseurs : est-ce choquant quand on sait que la maladie dépressive concerne au cours des douze derniers mois environ 8,6 % de la population générale (selon la plus vaste étude réalisée dans un pays occidental[2]) ? De plus, les antidépresseurs sont utilisés dans d'autres maladies que la dépression : douleurs rebelles et troubles anxieux. Or au moins 10 % de la population souffrent d'un trouble anxieux : phobie sociale, trouble obsessionnel compulsif, état de stress posttraumatique, trouble panique, trouble anxieux généralisé… Ces maladies engendrent une souffrance et un handicap réels qui justifient leur prise en charge médicale : faut-il conseiller à ces patients d'interrompre leur traitement ?

Y A-T-IL CONFUSION ENTRE OBJECTIFS DE RENTABILITÉ ÉCONOMIQUE ET OBJECTIFS DE SANTÉ PUBLIQUE ?

À dénoncer sans véritable réflexion de fond la consommation de psychotropes, n'y a-t-il pas risque de confusion entre soucis d'allégement des comptes de l'assurance-maladie et adéquation aux besoins de santé de la population ? Faut-il uniquement considérer le coût économique des boîtes d'antidépresseurs vendues ou bien convient-il de le mettre en balance avec tous les coûts directs et indirects de la maladie dépressive ? Or ces derniers sont considérables, tant en termes de perte de nombre d'années de vie perdues, de journées d'hospitalisation ou d'arrêts de travail, ou encore de baisse du rendement professionnel.

Autrement dit, un meilleur dépistage et un meilleur traitement de la dépression ont un coût économique pour la société largement inférieur à celui généré par la maladie et ses conséquences, sans parler du coût inchiffrable de la détresse morale des patients et de leurs familles. Surtout, à quelle éthique de société souhaitons-nous donc adhérer : celle de l'économie immédiate ou celle de la meilleure santé publique ? Et, à long terme, la prise en charge efficace de la dépression n'entraînera-t-elle pas une convergence bénéfique entre objectifs sanitaires et économiques ?

Les antidépresseurs sont-ils utilisés à mauvais escient ?

Certains affirment que de très nombreuses prescriptions de traitements antidépresseurs sont non justifiées. Est-ce la règle ou l'exception ? La France se targue de bénéficier de l'un des meilleurs systèmes de soins au monde : ce système est largement envié par nombre de nos voisins européens comme le Royaume-Uni. Les médecins français excelleraient-ils dans de nombreux domaines de la médecine, sauf dans celui de la dépression ?

Constater la qualité des soins dans notre pays ne remet pas en cause la nécessité d'une meilleure formation à la prévention et au traitement de la dépression : les médecins français peuvent et doivent améliorer leurs pratiques professionnelles, notamment dans le champ des troubles psychiques. La mise à disposition et l'utilisation d'outils de prévention de la dépression et du suicide doivent en particulier se généraliser.

Mais nous refusons d'adhérer à l'explication simpliste (largement répandue) selon laquelle l'utilisation des antidépresseurs répondrait à une demande de confort psychique ou au traitement pharmaceutique de problèmes sociaux : les résultats de l'étude menée par l'Inserm[3] ont totalement infirmé l'idée que le recours aux psychotropes pourrait correspondre en partie à une médicalisation de la crise sociale ». Les antidépresseurs servent à soigner la dépression, pas la misère humaine : les médecins le savent bien, au même titre qu'ils savent que les antibiotiques sont des médicaments de l'infection bactérienne, pas de la fièvre. Rappelons-le, la dépression est un trouble médical ayant des conséquences sociales et non pas un problème social ayant des solutions médicales !

Enfin, que ressentent les patients qui souffrent de troubles psychiques lorsque les médias dénoncent sans nuance la surconsommation de psychotropes ? Il faut redire que la maladie mentale est encore largement stigmatisée dans notre société : le regard négatif et critique des autres est vécu comme une source d'injustice et de désarroi supplémentaire, qui vient aggraver la souffrance engendrée par la maladie. La honte et la culpabilité d'être dépressif, la peur de la folie, les fantasmes liés à la psychiatrie : tout cela résonne dans l'esprit des patients qui entendent dénoncer la consommation de psychotropes en France. Combien d'entre eux cèdent à cette culpabilisation et interrompent le traitement qui peut les conduire à la guérison ?

Dénoncer l'inutilité d'un traitement pour une affection psychique, n'est-ce pas implicitement nier la réalité de son existence ? La maladie psychiatrique continue de faire peur : stigmatiser sa médication est une autre manière de l'annihiler !

Les antidépresseurs augmentent-ils le risque de suicide chez les jeunes ?

Voilà un autre thème qui a suscité bien des polémiques… En effet, certaines études publiées il y a quelques années avaient suggéré l'existence d'une augmentation des « tendances suicidaires » (c'est-à-dire des pensées de suicide et de certains comportements à risque mais pas du suicide lui-même) chez les adolescents traités par antidépresseurs.

L'augmentation des tendances suicidaires a été imputée à la levée d'inhibition : il s'agit d'un effet secondaire connu des antidépresseurs, qui survient parfois après l'instauration de l'antidépresseur et dure deux ou trois semaines. On constate alors une baisse de la capacité de contrôle du comportement avec augmentation de l'impulsivité : le déprimé est toujours aussi désespéré, mais il est moins inhibé, l'inhibition étant un frein au passage à l'acte, qui devient alors plus facile. Cette période de mise en route nécessite donc un suivi médical particulièrement rigoureux et rapproché.

Les antidépresseurs entraînent parfois cet effet indésirable, mais cela ne justifie en rien de ne pas traiter les adolescents déprimés ! En effet, les antidépresseurs soignent la dépression, qui est un *facteur bien plus important de suicide que la levée d'inhibition.* On ne songerait pas à remettre en cause la nécessité de l'opération chirurgicale lors d'une crise d'appendicite, alors même qu'il existe un risque lié à l'anesthésie !

Les analyses récentes du rapport bénéfice/risque dans les populations à risque suicidaire montrent qu'il n'y a aucun doute sur la justification et la nécessité du traitement antidépresseur, à condition de faire bénéficier les jeunes patients d'une surveillance médicale adéquate.

LA PEUR VISCÉRALE DES ANTIDÉPRESSEURS EST-ELLE UN FREIN À LA GUÉRISON ?

Déjeuner d'affaires dans un restaurant parisien
Au début du repas, Véronique, dynamique directrice des ventes de sa société, se sert un verre d'eau. Elle ouvre son sac et dépose discrètement un cachet sur la table. « Tu es malade ? La grippe ? » lui demande son jeune collaborateur. Elle se racle la gorge, semble hésiter un instant et répond avec un sourire crispé : « Oui, c'est ça, c'est la grippe. » La discussion reprend…

Qui ose aujourd'hui en France assumer sans gène la prise d'un traitement antidépresseur face à ses collègues de travail, son employeur ou même ses amis ? Pourquoi une telle stigmatisation alors même que la dépression n'a rien de honteux ? Pourquoi le regard des autres demeure-t-il encore si critique et négatif face à la dépression ? Combien de temps faudra-t-il encore pour faire comprendre que la dépression est une maladie, non un échec personnel ou une faiblesse morale ? Que ceux qui prennent un traitement antidépresseur sont des gens normaux devenus malades, pas des « drogués » ou des « paumés » ?

Cette confusion entre usage médical et toxicomaniaque des psychotropes persiste largement dans l'esprit du grand public. La force des idées reçues sur les antidépresseurs est puissante. Elle représente un frein à leur utilisation : de nombreux patients renoncent à se soigner après avoir subi les critiques de leur entourage. Ils sont ainsi malheureusement privés d'une chance importante de guérison.

Catalogue des peurs, fantasmes et idées fausses sur les antidépresseurs

« Les antidépresseurs vous transforment en zombie ; ce sont des camisoles chimiques qui vous assomment et détruisent votre personnalité. »

C'est l'idée fausse la plus répandue. Les antidépresseurs ne sont pas de puissants sédatifs. Ils contribuent à rétablir la concentration de la sérotonine, composé chimique cérébral dont la concentration chute lors de la dépression. Certains d'entre eux ont un profil d'action stimulant, d'autres sont plus anxiolytiques, mais ces médicaments ne modifient pas la personnalité profonde de l'individu : ils stimulent les capacités cognitives ou apaisent les tourments selon leur profil thérapeutique.

« Ces médicaments sont des drogues qui rendent dépendant à vie. On commence, mais on ne pourra jamais les arrêter. »

Les antidépresseurs ne sont pas des substances toxicomaniaques : elles n'entraînent pas d'addiction. Leur délai d'action est de deux à quatre semaines. Ces molécules ne procurent pas de plaisir immédiat et n'engendrent ni accoutumance ni dépendance physique ou psychique. En revanche, leur interruption trop précoce peut conduire à une rechute dépressive : les symptômes d'une dépression insuffisamment soignée sont souvent et abusivement confondus avec ceux d'un « sevrage » aux antidépresseurs.

En outre, l'arrêt des antidépresseurs doit être progressif, sur quelques jours, afin d'éviter tout risque de syndrome d'interruption (nausées, nervosité, insomnies). Ce type de troubles liés à l'arrêt trop brutal du traitement s'observe également avec de nombreux médicaments comme les antiépileptiques ou les corticoïdes : il ne s'agit en aucun cas d'une « dépendance » à une « drogue ».

« Les antidépresseurs détruisent la mémoire. »

Au contraire, les antidépresseurs aident à la restauration des fonctions cognitives altérées par la dépression (difficultés de mémoire, de concentration, incapacité à prendre des décisions…). Cette restauration est lente, progressive et nécessite de la patience. Ce sont souvent les symptômes qui mettent le plus de temps à être guéris par les antidépresseurs. Toutefois, les antidépresseurs à potentialité anxiolytique peuvent initialement engourdir la célérité intellectuelle, masquant les bienfaits à venir.

« Les antidépresseurs sont des produits chimiques dangereux. Mieux vaut trouver un traitement naturel comme les oméga-3, le millepertuis ou l'homéopathie… »

Le dualisme entre une nature « douce et bénéfique » et une chimie « dure et agressive » est fallacieux. De nombreux poisons sont totalement naturels. Certaines infections, certains cancers sont également causés par des processus naturels. Certains traitements sont artificiels, mais ces molécules chimiques sont capables de sauver efficacement bien des vies.

La dépression est une vraie maladie qui entraîne une profonde détresse et de redoutables complications comme le suicide. À ce titre, les antidépresseurs ont fait la preuve d'une efficacité dans les formes modérées à sévères de la maladie. Ces molécules, comme tous les autres médicaments actifs, ont fait l'objet de nombreuses études scientifiques et sont rigoureusement surveillées par les autorités sanitaires. Leurs effets secondaires – en général anodins et supportables – sont à mettre en rapport avec les bénéfices tirés de leur efficacité thérapeutique.

À ce jour, l'efficacité des oméga-3[4], du millepertuis[5] et d'autres formes de thérapie alternative[6] (homéopathie, acupuncture, exercice physique…) n'est pas établie dans le traitement de la dépression. C'est la raison pour laquelle les autorités sanitaires, dont le rôle est d'évaluer la solidité du dossier scientifique des nouveaux traitements, ne les préconisent pas.

Ceux qui les recommandent ont parfois tendance à ne pas informer suffisamment les patients sur le risque de perte de chance de guérison auquel l'absence de prise d'un traitement efficace expose. Sans doute sont-ils éloignés de la pratique de terrain et de la confrontation quotidienne à la dureté et à la sévérité de la maladie dépressive : une ignorance coupable. Laisser croire que l'on peut guérir les dépressions sévères avec des oméga-3, un simulateur d'aube et un peu d'exercice physique, c'est un peu comme préconiser le thé vert pour soigner le cancer ! Une ou deux études suggèrent bien un effet bénéfique du thé vert sur certains cancers de la langue[7] ; de là à proclamer l'avènement du thé vert comme thérapeutique révolutionnaire du cancer, il y a un monde !

Les attentes du grand public sont fortes, les espérances des patients déprimés le sont encore plus : ne les décevons pas. Le rôle des médecins est de donner un espoir fondé, pas de créer de faux espoirs.

Les médicaments de la dépression

Quels sont les critères de choix d'un antidépresseur ?

Tous les antidépresseurs se valent en termes d'efficacité globale : environ 60 % des patients déprimés bénéficient d'une amélioration grâce à ces molécules. Leur délai d'action est globalement similaire : proche de trois semaines en moyenne. Quelle que soit la molécule choisie par le médecin, la durée de traitement pour un premier épisode dépressif est de six mois au minimum. Cette durée peut être prolongée lorsqu'il y a déjà eu plusieurs épisodes, afin d'éviter les rechutes. Le choix de l'antidépresseur est un acte médical raisonné ; il ne faut en aucun cas tenter de prendre le médicament d'un proche.

Les principaux antidépresseurs commercialisés en France

Tricycliques (a)	**IMAO (b)**	**IRS (c)**	**IRSNA (d)**	**Autres classes**
ANAFRANIL® (clomipramine)	MARSILID® (iproniazide)	DEROXAT® (paroxétine)	CYM-BALTA® (duloxétine)	ATHYMIL® (miansérine)
LAROXYL® (amitriptyline)	MOCLAMINE® (moclobémide)	PROZAC® (fluoxétine)	EFFEXOR® (venlafaxine)	NORSET® (mirtazapine)
PROTHIA-DEN® (dosulépine)		SEROPLEX® (escitalopram)	IXEL® (milna-cipran)	STABLON® (tianeptine) **(g)**
TOFRANIL® (imipramine)		SEROPRAM® (citalopram)		ZYBAN® (bupropion) **(e)**
LUDIOMIL® (maprotiline) **(f)**		ZOLOFT® (sertraline)		
SURMONTIL® (trimipramine)				
DEFANYL® (amoxapine)				

(a) Molécules de structure tricyclique augmentant la concentration de sérotonine et de noradrénaline dans la fente synaptique.
(b) IMAO : inhibiteurs de l'enzyme monoamine oxydase. Cette enzyme détruit les mono-amines cérébrales (sérotonine, noradrénaline, dopamine).
(c) IRS : inhibiteurs de la recapture de la sérotonine. Ces médicaments augmentent la concentration de sérotonine dans la fente synaptique.
(d) IRSNA : inhibiteurs de la recapture de la sérotonine et de la noradrénaline, qui augmentent la concentration de ces deux neuromédiateurs dans la fente synaptique.
(e) Le bupropion est uniquement commercialisé en France dans le cadre du sevrage tabagique. Outre-Atlantique, cette molécule est utilisée dans la dépression. Elle agit sur une autre voie neurobiologique, celle de la dopamine.
(f) Quadricyclique apparenté aux tricycliques.
(g) Apparenté aux tricycliques par sa formule chimique, mais dépourvu d'activité anticholinergique et donc d'effets secondaires cardiaques.

Toutefois, les antidépresseurs ont des spécificités : certains sont plus stimulants (Prozac®), d'autres plus anxiolytiques (Deroxat®). Leurs mécanismes d'action sont variés : certains agissent de façon ciblée et spécifique sur la sérotonine (IRS), sur la dopamine (bupropion), d'autres agissent sur la sérotonine et sur la noradrénaline (IRSNA) ou encore sur les trois monoamines à la fois (sérotonine, noradrénaline et dopamine) comme, c'est le cas des IMAO. Cela étant, le principal critère de choix est généralement celui de la meilleure tolérance possible. Les molécules de première génération (tricycliques et IMAO), bien que très efficaces, ont ainsi été largement supplantées par celles de seconde génération (IRS) et de troisième génération (IRSNA), bien mieux supportées.

La prescription d'antidépresseurs a été notablement facilitée par l'apparition du Prozac®, qui représentait, dans les années 1980, la principale alternative aux tricycliques et aux IMAO. Les tricycliques provoquent fréquemment des tremblements, une sécheresse de la bouche, une constipation, des difficultés visuelles d'accommodation et des vertiges liés à la baisse de la tension artérielle. Ils sont contre-indiqués chez les patients cardiaques, chez ceux qui souffrent de glaucome oculaire ou encore chez les hommes ayant une hypertrophie de la prostate… Quant aux IMAO de première génération, ils induisent un risque réel d'augmentation de la tension artérielle et nécessitent de suivre un régime alimentaire contraignant.

La mise à disposition dans les années 1980 de ces médicaments de seconde génération, comme le Prozac®, dont les effets secondaires sont souvent modérés (essentiellement liés à l'apparition de nausées et de diarrhées qui rétrocèdent en quelques jours pour les IRS), a donc constitué une avancée considérable dans le traitement de la dépression. Par ailleurs, leur plus faible toxicité cardiaque entraîne considérablement moins de risque vital en cas de surdosage massif.

Quelle cible neurobiologique : sérotonine, noradrénaline, ou les deux ?

Les antidépresseurs agissent globalement en augmentant la concentration de sérotonine et/ou de noradrénaline dans la fente synaptique, c'est-à-dire l'espace de communication entre cellules cérébrales. Les chercheurs ont tenté d'établir différents modèles d'action de ces médicaments, en fonction de leur spécificité pour la sérotonine ou la noradrénaline.

La dimension d'impulsivité, d'irritabilité et d'intolérance au bruit de la dépression serait essentiellement sous le contrôle de la sérotonine. Cette molécule contrôlerait également les comportements alimentaires (appétence pour les produits sucrés), le sommeil et la sexualité.

La perte de motivation dépressive, la fatigue, le ralentissement, voire l'inertie et la baisse du niveau d'éveil et d'énergie, seraient sous-tendus par la noradrénaline, autre amine cérébrale que seuls certains antidépresseurs peuvent directement réguler.

Les autres symptômes dépressifs – tristesse, angoisse, troubles de la concentration et douleurs physiques – dépendraient de l'équilibre entre l'activation du système de la sérotonine et celui de la noradrénaline.

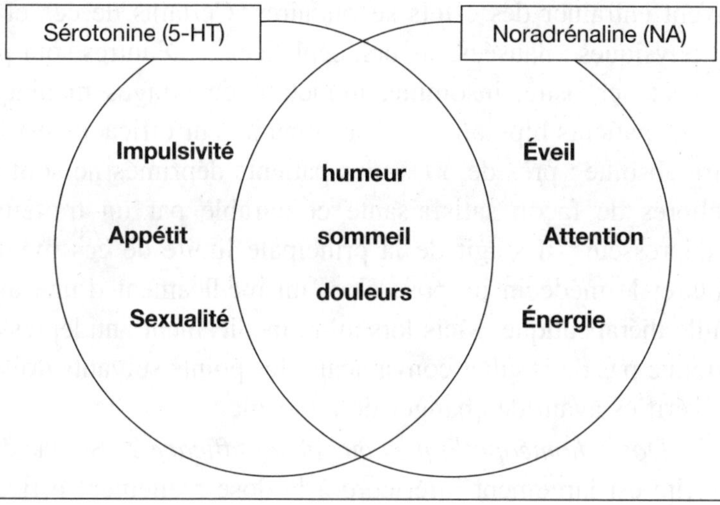

L'apparition dans les années 1990-2000 de médicaments de troisième génération, notamment d'inhibiteurs doubles de la recapture de la sérotonine et de la noradrénaline (Ixel®, puis Effexor® et bientôt Cymbalta®), a permis d'étendre le spectre d'action en particulier vers une meilleure efficacité sur les symptômes résiduels de dépression, sur les troubles cognitifs (mémoire, concentration) et sur les douleurs physiques.

Les tricycliques et les IMAO, médicaments de première génération, gardent néanmoins leur place dans l'arsenal thérapeutique, en particulier dans les formes résistantes de dépression. Par ailleurs, si l'utilisation d'antidépresseurs est déconseillée durant la grossesse, la sévérité de la dépression chez certaines femmes enceintes peut requérir la prescription d'un médicament. Les tricycliques sont alors souvent choisis car ils bénéficient d'un recul de près de cinquante ans d'utilisation dans le monde, sans qu'une toxicité pour le développement du fœtus n'ait été rapportée.

Quelles sont les limites des antidépresseurs ?

Comme tous les médicaments actifs, les antidépresseurs peuvent entraîner des effets secondaires. Certains de ces effets sont physiques : nausées, sueurs, céphalées… D'autres sont psychiques : nervosité, insomnie, induction de virages maniaques chez les patients bipolaires… Par ailleurs, leur efficacité est loin d'être absolue : près de 30 % des patients déprimés ne sont pas améliorés de façon satisfaisante et durable par un traitement antidépresseur : il s'agit de la principale limite de ces médicaments et le médecin propose alors un médicament d'une autre famille thérapeutique. Mais lorsqu'un médicament antidépresseur ne donne pas de résultat convaincant, les points suivants doivent être vérifiés avant de changer de molécule :

– *Dose homéopathique ou dose efficace ?* Si la dose prescrite est largement inférieure à la dose réellement efficace, comment espérer une guérison ? Face à une angine ou à une pneumonie, accepterait-on d'être soigné avec des doses « homéopathiques » de Clamoxyl® ou de tout autre antibiotique ? Un médecin peut donc proposer d'augmenter la posologie. Pour cela, il lui faut tenir compte du poids, de l'âge ainsi que de l'état du foie et des reins, organes qui détruisent l'antidépresseur et l'éliminent hors de l'organisme.

– Y a-t-il de « petits arrangements » avec l'ordonnance ? De nombreuses personnes ne suivent qu'une partie de leur ordonnance. Après avoir consulté Internet, l'encyclopédie médicale familiale ou la voisine, tel médicament leur apparaît brusquement inutile ou suspect... Ce phénomène s'observe d'ailleurs quels que soient la spécialité médicale et le type de médicament prescrit : oublis plus ou moins involontaires, prises irrégulières, modifications des doses prescrites... Ces « petits arrangements » avec l'ordonnance sont autant de causes fréquentes de non-amélioration. Inutile de culpabiliser. Les cliniciens savent bien que plus de 40 % de leurs patients ne suivent pas toute l'ordonnance : alors autant faire part à son médecin des difficultés à suivre ses recommandations !

– L'impatience des patients... Le délai d'action moyen des antidépresseurs étant de trois semaines, on estime qu'il est indispensable de poursuivre le traitement quatre à six semaines à doses efficaces avant de conclure à son inefficacité. Il est fréquent de constater que le traitement a été interrompu trop tôt pour juger véritablement de son action. Ce long délai d'action est l'une des limites importantes des antidépresseurs : il est particulièrement pénible de devoir attendre plusieurs semaines avant de se sentir mieux, mais de nombreux autres médicaments – par exemple les antibiotiques – ont aussi leur délai d'action.

– Existe-t-il une cause cachée de résistance ? La recherche d'une cause physique organique (mauvais fonctionnement de la glande thyroïdienne, trouble neurologique ou démence débutante non diagnostiquée...) ou psychiatrique (alcoolisme, trouble

anxieux, trouble de la personnalité) implique la réalisation d'une enquête médicale complète : le praticien se transforme alors en véritable inspecteur du corps et de l'esprit.

Lorsque toutes ces causes ont été éliminées, le changement d'antidépresseur est préconisé, en général en faisant le choix d'une autre classe pharmacologique (après une tentative avec un IRS, le médecin choisira par exemple un IRSNA ou bien un tricyclique).

Enfin, certains patients souffrent en fait d'une forme de dépression réfractaire à au moins deux traitements antidépresseurs différents bien conduits : ils entrent dans la catégorie des patients dits « résistants ». Cette terminologie inquiétante révèle une pénible réalité : près de 30 % des déprimés résistent aux antidépresseurs. Mais ces patients ne doivent absolument pas perdre l'espoir d'une guérison. Différentes stratégies thérapeutiques ont donc été élaborées pour combattre ces formes réfractaires de la maladie : combinaisons de deux antidépresseurs de classes différentes, association d'un antidépresseur avec des sels de lithium (recherche d'un effet « starter »), avec un antipsychotique ou bien encore, dans les formes les plus sévères ou chroniques de la maladie, thérapeutiques de choc.

Les autres médicaments de la dépression

Anxiolytiques et hypnotiques : apaiser l'angoisse et faciliter le sommeil

Le délai d'action des antidépresseurs est long : trois semaines en moyenne. Pour soulager l'angoisse et les troubles du sommeil durant cette période, il est possible d'adjoindre à l'antidépresseur une molécule anxiolytique (Lexomil®, Valium®, Xanax®, Temesta®, Lysanxia®) et éventuellement un hypnotique (Stilnox®, Imovane®, Noctran®, Noctamide®, Mepronizine®). Ces traitements permettent d'obtenir un apaisement immédiat mais relatif : ce ne sont pas des antidépresseurs, leur action n'est pas globale, mais uniquement centrée sur l'angoisse et l'insomnie. Ils ne guérissent donc pas la dépression ; ils soulagent d'une partie du fardeau des symptômes.

Leur utilisation dans le temps doit être limitée : un mois pour les hypnotiques ; trois mois pour les anxiolytiques. En effet, contrairement aux antidépresseurs, ils risquent d'induire une accoutumance, voire une dépendance, dont la fréquence augmente avec leur durée de prescription. Ce sont ces deux familles de médicaments – anxiolytiques et hypnotiques – qui représentent la partie la plus importante de la consommation de psychotropes en France. Lorsqu'on « oublie » de les arrêter après quelques semaines, il devient ensuite plus difficile de se séparer de ces médicaments.

Neuroleptiques et antipsychotiques : diminuer les angoisses et rétablir le contact avec la réalité

Dans les formes sévères de dépression accompagnées d'angoisses massives ou d'hallucinations et de perte de contact avec la réalité – présence d'idées délirantes de culpabilité, d'incurabilité, de ruine ou de persécution –, le médecin pourra prescrire en plus de l'antidépresseur un médicament antipsychotique de première génération (Largactil®, Tercian®, Haldol®) ou de seconde génération (Zyprexa®, Risperdal®, Solian®, Leponex®). Ces médicaments permettent de diminuer très rapidement le niveau d'angoisse et d'impulsivité, et font rétrocéder en quelques jours les hallucinations et les idées délirantes. En outre, certaines de ces molécules ont un effet régulateur de l'humeur.

Prévenir les récurrences

Le traitement curatif de l'épisode dépressif dure au minimum six à huit mois ; cette durée intègre deux mois de traitement d'attaque et quatre mois de traitement de consolidation. Trois situations très différentes doivent être distinguées.

Il s'agit du premier épisode dépressif

Le traitement antidépresseur est progressivement diminué. Il est important de veiller à l'absence de rechute dans les premiers mois qui suivent l'arrêt du médicament. Même si les symptômes sont modérés, mieux vaut consulter. La persistance de symptômes résiduels à l'issue de la période thérapeutique (fatigue, irritabilité, troubles de la concentration, douleurs, troubles du sommeil, anxiété) incite parfois à poursuivre le traitement plus longtemps ou à proposer une psychothérapie.

Le risque de rechute dans les années qui suivent un premier épisode dépressif est réel : une étude italienne[8] a estimé qu'après un premier épisode dépressif 24 % des patients étaient en rechute dépressive six mois après la guérison, 37 % au bout d'un an et jusqu'à 75 % après cinq ans de suivi ! Ce risque de rechute, loin d'être négligeable, semble donc augmenter avec le temps. Les facteurs qui prédisent le mieux le risque de rechute sont la sévérité du premier épisode[9] dépressif et l'existence de maladies associées (alcoolisme, trouble anxieux, trouble de la personnalité…).

Ces nouvelles données incitent à poser autrement la question du premier épisode de dépression : s'agira-t-il d'une expérience unique et isolée au cours de la vie, ou bien d'une maladie insidieuse et durable ? Cette question fondamentale doit inciter à réfléchir à l'opportunité d'entamer un travail psychothérapique axé sur la prévention des rechutes dès la première manifestation de la maladie, sans attendre le retour des ombres.

Après plusieurs épisodes dépressifs

Le risque de rechute est particulièrement important si plusieurs épisodes dépressifs sont déjà survenus : on estime, en effet, que durant les deux années qui suivent l'épisode actuel, 50 % à 90 % des patients souffriront d'une nouvelle récurrence dépressive.

Ces chiffres ont incité les autorités sanitaires à modifier leurs recommandations de durée pour la poursuite de l'antidépresseur, l'objectif du maintien du traitement étant aussi préventif et plus seulement curatif. La durée officiellement recommandée est aujourd'hui de deux ans. En effet, en l'absence de nouvel épisode sur une période d'au moins deux ans, le risque de rechute diminue de façon importante. Comme si plus le temps passé sans dépression augmentait, plus la vulnérabilité à la maladie diminuait. C'est la raison pour laquelle le médecin peut proposer, dans certaines formes particulièrement récurrentes de la maladie, de maintenir l'antidépresseur sur des durées encore plus longues.

Rappelons que certaines psychothérapies, en particulier les thérapies comportementales et cognitives, ont montré un intérêt particulier dans la prévention des rechutes dépressives à long terme. Ces outils peuvent être utilisés seuls ou en combinaison avec le maintien du traitement antidépresseur. Provoquer une synergie entre les stratégies biologiques et psychothérapiques pour lutter contre le retour de la dépression est sans doute l'arme la plus efficace dans le combat contre le potentiel évolutif de la maladie.

Camille ou l'histoire d'une lutte acharnée contre la dépression

En faisant le décompte de ses dépressions, Camille, infirmière de 52 ans, est découragée : un premier épisode à 21 ans après une rupture sentimentale (« mon premier grand amour »), un deuxième à 32 ans (« après la naissance de ma petite Noémie »), un troisième à 45 ans (« après mon divorce... ») Au cours des toutes dernières années, elle a encore souffert de trois nouveaux épisodes dépressifs particulièrement dévastateurs.

Elle dit : « On ne m'a jamais véritablement fait comprendre qu'il s'agit d'une maladie dont on peut prévenir le retour... Je suis plutôt sceptique sur les chances de réussite après toutes ces rechutes. Vous croyez vraiment que je ne suis pas trop vieille pour commencer une psychothérapie ? »

Nous avons expliqué à Camille que son principal atout est la motivation : elle a accepté de s'engager durant près de six mois sur le chemin fastidieux du travail psychothérapique auprès d'une jeune collègue spécialisée dans les TCC. Elle a accepté de poursuivre en parallèle la prise de son médicament antidépresseur durant plus d'un an : « Je ne veux pas rechuter avant que la psychothérapie n'ait eu le temps de m'aider... »

La psychothérapie et le traitement antidépresseur sont terminés depuis maintenant plusieurs années : six ans de recul la séparent de son dernier épisode dépressif. Lors de notre dernière rencontre, Camille nous disait : « Je vais bien, mais je ne crie pas victoire pour autant. Je sais que je suis encore fragile, mais je n'ai plus l'impression d'avoir cette épée de Damoclès en permanence au-dessus de ma tête. Vous savez que j'ai vécu des événements difficiles ces dernières années. J'ai bien cru que j'allais rechuter quand on a découvert un cancer chez ma fille. Mais mon organisme a résisté. Je dois bien reconnaître que c'est vraiment quelque chose de nouveau pour moi... »

Soigner un trouble bipolaire

La question d'un traitement régulateur de l'humeur est primordiale. Plusieurs familles de médicaments sont utilisées : les sels de lithium (Téralithe®, Neurolithium®), les anticonvulsivants (Dépakote®, Dépamide®, Tégrétol®, Lamictal®*, Epitomax®*, Trileptal®*) ou les antipsychotiques (Zyprexa®, Abilify®*, Risperdal®*, Solian®*). Les sels de lithium, traitement historique de la maladie maniaco-dépressive, demeurent aujourd'hui encore le traitement de référence du trouble bipolaire.

L'utilisation des antidépresseurs – en particulier ceux de la famille des tricycliques – chez les personnes déprimées souffrant de troubles bipolaires doit être prudente et réservée : elle peut exposer à l'induction de « virages » de l'humeur et déclencher de véritables épisodes maniaques ou mixtes. À long terme, l'utilisation intensive des antidépresseurs pourrait même accélérer le génie évolutif de la maladie bipolaire et précipiter l'émergence de formes à cycles rapides.

Stratégies de prévention des récurrences dépressives		
Caractéristiques de la maladie	**Traitement biologique**	**Thérapie comportementale et cognitive ciblée sur la prévention des rechutes**
Un seul épisode dépressif	6 mois de traitement antidépresseur	+
Plusieurs épisodes dépressifs	2 ans de traitement antidépresseur	+++
Trouble bipolaire	Régulateur de l'humeur seul ou en combinaison sur une durée minimale de 5 ans	+

* Ces médicaments n'ont pas obtenu d'autorisation officielle de mise sur le marché dans l'indication « troubles bipolaires », mais ils sont parfois utilisés par les spécialistes dans certaines formes de la maladie.

Les thérapeutiques de choc

Vol au-dessus d'un nid de coucou… Asile et camisole de force… La simple évocation des électrochocs suffit à générer un malaise profond. Pourtant cette thérapeutique est encore pratiquée dans certains services psychiatriques. C'est notamment le cas du service universitaire au sein duquel nous exerçons, à l'hôpital Sainte-Anne à Paris. Pourquoi continuer de pratiquer les électrochocs dans la dépression ? Tout simplement parce que c'est parfois le seul traitement efficace, le seul apte à sauver la vie de patients profondément déprimés, qui veulent mourir, refusent de s'alimenter ou qui résistent aux médicaments antidépresseurs.

Par ailleurs, la technique pratiquée aujourd'hui n'a que peu de chose à voir avec celle pratiquée il y a soixante ans : il n'y avait pas d'anesthésie, la quantité de courant électrique n'était pas maîtrisée et le choc électrique qui n'entraînait pas de perte de connaissance immédiate pouvait être très douloureux. Les pertes de mémoire étaient sévères…

Les conditions de pratique de cette technique ont considérablement évolué. On parle désormais d'électroconvulsivothérapie, de sismothérapie ou d'électronarcose (narcose signifiant sous anesthésie).

La technique de la sismothérapie consiste à délivrer une décharge électrique au niveau du cerveau pour déclencher une crise d'épilepsie électrique. Les cellules neuronales s'activent de manière synchrone pendant quelques secondes. Cette énergie électrique est délivrée par un appareil dont on peut modifier les constantes électriques. De plus, cet appareil enregistre l'activité électrique du cerveau, l'intensité et la durée de la crise : c'est le monitoring, gage de sécurité et d'efficience.

En règle générale, une cure de 8 à 12 séances est requise pour traiter une dépression sévère. Cette thérapeutique est en

Un traitement barbare ?

« La gravité de la maladie suffit-elle à justifier la barbarie d'un tel traitement ? » nous demandait récemment la mère d'un jeune homme gravement dépressif qui venait de tenter de se suicider en se jetant sous un bus. Nous lui avons montré un film qu'une équipe de télévision était venue tourner dans notre service. Ce film a été plus convaincant pour elle que toutes les explications que nous avions pu lui donner : elle a constaté le niveau de vigilance, de sécurité et de surveillance médicale qui encadre la technique, l'environnement étant celui d'une salle de réanimation avec au moins deux médecins et deux infirmiers présents en permanence. Elle a également constaté que la séance se déroule sous anesthésie courte : le patient dort profondément durant deux à trois minutes et rouvre les yeux rapidement. Il n'a donc pas senti de douleur et ne se souvient évidemment de rien à son réveil… Rassurée, cette mère a finalement accepté de discuter avec son fils de ce traitement. Quelques semaines plus tard, ce dernier sortait de l'hôpital guéri, alors que des mois de traitements antidépresseurs ne lui avaient apporté aucun soulagement. Il a d'ailleurs accepté de témoigner auprès d'autres patients des bienfaits de cette thérapeutique et de ses inconvénients.

général bien tolérée ; l'effet secondaire le plus fréquent est la perte de mémoire brève dans les heures qui suivent la séance.

En stimulant les neurones, le choc électrique entraîne la sécrétion de substances neurotrophiques. Ces dernières agissent comme une sorte d'engrais, en favorisant la repousse de jeunes cellules. Les cellules cérébrales développent également leur réseau de connexions au cours de cette thérapeutique. Les électrochocs agissent donc notamment en stimulant la plasticité cérébrale.

Les autres thérapeutiques biologiques

Deux techniques émergentes font l'objet d'un certain enthousiasme dans le domaine du traitement de la dépression : la stimulation magnétique cérébrale transcrânienne, technique indolore et non invasive et la stimulation du nerf vague qui requiert la pose d'un petit générateur électrique sous la peau. Par ailleurs, la luminothérapie semble parfois utile dans le traitement des dépressions récurrentes saisonnières.

La stimulation magnétique cérébrale transcrânienne

La stimulation magnétique transcrânienne (TMS) est une méthode mise au point au cours des années 1980-1990 qui consiste à stimuler le cerveau à l'aide d'électrodes placées à la surface du crâne. Ces électrodes induisent un puissant champ magnétique sur les régions situées à l'avant du cerveau du côté gauche. L'objectif est de stimuler la région préfrontale dont l'activité est diminuée lors de la dépression. La répétition des séances semble présenter un effet antidépresseur efficace.

Cette nouvelle thérapeutique, encore en cours d'évaluation, n'est pas utilisée uniquement dans la dépression. Elle pourrait également bénéficier à certains patients souffrant de maladie de Parkinson ou d'accidents vasculaires cérébraux. En général, la TMS est bien tolérée et ne nécessite pas d'anesthésie.

Cette technique peu invasive présente-t-elle une efficacité équivalant à celle des électrochocs ? Une équipe de chercheurs anglais[10] a tenté de répondre à cette question, en comparant l'efficacité de ces techniques sur deux groupes d'une vingtaine de patients souffrant de dépression sévère. Après seulement deux semaines de traitement, 60 % des patients traités par électro-

L'effet cérébral de la stimulation magnétique

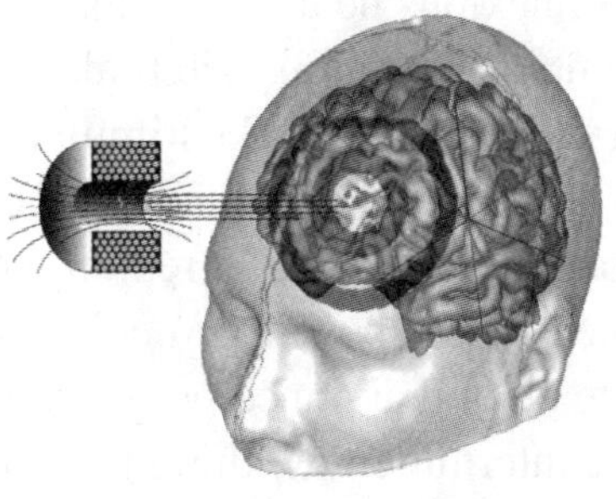

Le champ magnétique induit par la bobine d'une sonde traverse la peau, les os du crâne et pénètre sur quelques millimètres à l'intérieur du tissu cérébral.

Les cellules du cerveau, les neurones, sont connectées entre elles et communiquent grâce à des phénomènes électriques. Or les lois de l'électromagnétique impliquent qu'un champ magnétique modifie un champ électrique. La stimulation magnétique stimule donc l'activité électrique des neurones. Cette modification locale de l'information diffuse ensuite plus profondément à l'intérieur du cerveau. Ce mécanisme d'action semble améliorer la connectivité et accroître l'activité de certains circuits neuronaux impliqués dans la dépression. À la différence du magnétisme animal de Messmer, la TMS ne stimule pas que l'imagination.

chocs étaient guéris, contre seulement 17 % dans le groupe traité par TMS. La TMS apparaît donc clairement inférieure pour traiter les dépressions intenses. Par contre, son intérêt semble réel dans certaines formes de dépressions résistantes aux antidépresseurs.

Plusieurs centres hospitaliers français se sont dotés de l'équipement nécessaire et bénéficient déjà d'une bonne expérience de cette technique. Cependant, cette nouvelle technique fait encore partie du domaine de la recherche et sa généralisation nécessite une amélioration des procédures : localisation précise du site cérébral à stimuler, fréquence de stimulation, espacement et durée des séances…

La stimulation du nerf vague

Le nerf vague présente des connexions neurales à l'intérieur du cerveau, dans le système limbique, région cérébrale qui influence les émotions, l'humeur et la mémoire. Sa stimulation est une technique relativement invasive qui requiert la pose d'un petit générateur électrique sous la peau, dans la région gauche du thorax. Une électrode connecte le dispositif au nerf vague dans le cou et le traitement consiste en la délivrance programmée d'impulsions électriques légères et intermittentes, durant le jour et la nuit. Le médecin peut régler la fréquence, l'intensité et la durée de la stimulation. Les effets secondaires se manifestent durant la période de stimulation et comprennent des sensations désagréables dans le cou, une modification de la voix, de la toux et de l'essoufflement. Cette technique en cours d'évaluation pourrait dans l'avenir être réservée aux formes chroniques ou résistantes de dépression.

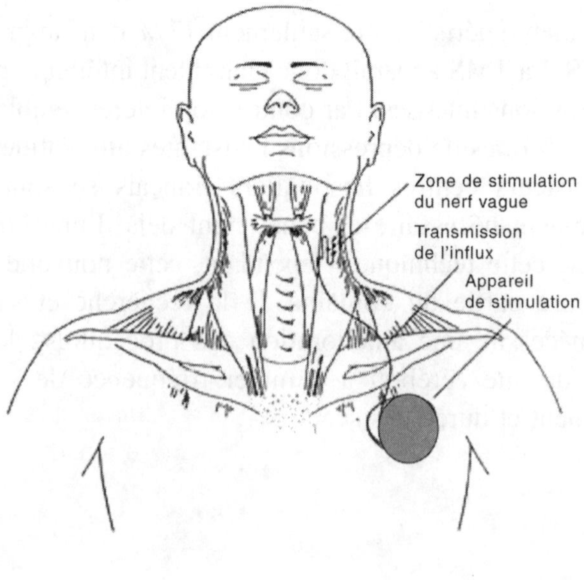

La luminothérapie

La luminothérapie est parfois proposée, en complément ou en alternative aux antidépresseurs, pour traiter la dépression saisonnière. Nous l'avons dit, les mécanismes biologiques de l'effet de la lumière sur l'organisme sont complexes : resynchronisation globale des rythmes biologiques, diminution de la mélatonine, régulation de la transmission de sérotonine… Pour être efficace, la resynchronisation biologique de l'organisme nécessite une exposition à une lumière supérieure à 3 000 lux sur une période longue d'une à deux heures. Par comparaison, la luminosité produite par une ampoule électrique de 100 W est généralement inférieure à 500 lux…

La luminothérapie correspond donc à l'exposition matinale (entre 8 heures et 10 heures) à une vive lumière artificielle (comprise entre 3 000 et 5 000 lux), tous les jours, pendant plusieurs semaines : autant dire que cette thérapeutique, réalisée dans plusieurs services hospitaliers, est contraignante. En outre, il faut savoir que même par une froide matinée d'hiver, la luminosité extérieure est au minimum de 5 000, voire de 10 000 lux : une longue sortie à l'extérieur est donc tout aussi efficace pour stimuler l'organisme…

La plupart des lampes de luminothérapie vendues dans le commerce ont une puissance inférieure à 2 000 lux : leur efficacité est donc limitée (quant aux simulateurs d'aube, ils produisent en général moins de 600 lux : autant dire que leur seule utilité est de provoquer l'éveil, non de traiter la dépression saisonnière). Avant toute utilisation de ces lampes de luminothérapie, il est conseillé de consulter un médecin et de s'assurer de l'absence de maladies de l'œil (certains troubles oculaires sont aggravés par l'exposition à une forte intensité lumineuse).

Convergence thérapeutique…

La combinaison de l'une ou l'autre de ces différentes stratégies biologiques avec une psychothérapie appropriée peut permettre d'optimiser l'efficacité thérapeutique en recherchant une synergie d'action. Toutes ces thérapeutiques psychologiques et biologiques (ou plutôt « psychobiologiques » puisque leurs mécanismes d'action cérébraux sont convergents…) constituent donc un précieux arsenal de soins, dont l'utilisation, raisonnée, permet de guérir définitivement bien des maladies dépressives.

Les effets cérébraux des médicaments et de la psychothérapie sont étonnamment proches…

Les outils modernes d'imagerie cérébrale permettent d'examiner le cerveau de patients déprimés traités par antidépresseurs. Chez les malades qui répondent à l'action de l'antidépresseur, l'amélioration clinique s'accompagne d'une augmentation de l'activité du cortex frontal, zone impliquée dans les mécanismes de la pensée et de l'action, et d'une diminution dans d'autres zones comme le système limbique et l'hippocampe, responsables des émotions et de la mémoire[11]. En revanche, chez les patients résistants à l'action bénéfique des antidépresseurs, de tels changements cérébraux n'étaient pas observés.

La stimulation grâce au traitement de certaines zones responsables de la motivation pourrait donc contribuer à la reprise d'énergie et d'élan vital. Dans le même temps, la mise au repos d'autres régions du cerveau impliquées dans la régulation des émotions pourrait réduire le niveau de tristesse et d'angoisse et améliorer l'humeur.

La même équipe de chercheurs de l'université du Texas vient de publier une autre étude d'imagerie qui montre que les modifications cérébrales observées après traitement par un médicament antidépresseur ou après psychothérapie comportementale et cognitive sont relativement identiques[12]. Quand la biologie du cerveau converge avec l'apaisement de l'âme…

Conclusion

La science est l'asymptote de la vérité. Elle procède par épreuves superposées l'une de l'autre et dont l'obscur épaississement monte lentement au niveau du vrai.

Victor HUGO.

Jérémie est un adolescent timide de 16 ans. En avance dans sa scolarité, il doit passer le bac cette année. Il est adressé par un ami cancérologue à l'institut Pierre-et-Marie-Curie. On vient de lui annoncer un diagnostic de cancer du testicule. Son père, cadre d'une grande entreprise en poste en Norvège, s'est arrangé pour revenir plus tôt.

Chantal, 23 ans, danseuse de ballet, vient de rompre avec son compagnon. Ils se sont rencontrés il y a quelques semaines. Un soir de répétition annulée à la dernière minute, alors qu'elle doit le retrouver bien plus tard chez lui, elle décide de passer plus tôt à son appartement pour lui faire la surprise. De loin, elle l'aperçoit sortir de la cour de leur immeuble enlaçant une superbe jeune femme rousse…

Miguel, 47 ans, marié, père de trois enfants en bas âge, est serveur dans un restaurant. Cet été, il est parti en famille voir ses parents dans un petit village d'Andalousie. Il se souvient de l'autoroute du retour, des éclats de soleil à travers le pare-brise. Seul dans sa chambre d'hôpital, il ne comprend pas ce qu'il fait là. L'interne d'orthopédie n'ose pas lui annoncer la terrible nouvelle : il est le seul survivant de l'accident de voiture.

Malgré l'épouvantable drame qu'il a subi, Miguel n'a pas souffert de dépression. Au cours des mois qui ont suivi, il est allé passer quelques mois en Espagne chez ses parents puis est revenu reprendre son emploi en France. Trois ans après l'accident, bien qu'il y pense tous les jours, il semble être parvenu à reconstruire sa vie.

Jérémie, non plus n'a pas présenté de symptômes de dépression. Son cancer a été guéri et il va bien. Par contre, son père a dû être hospitalisé pour une dépression grave quelques semaines après son retour de Norvège.

Chantal, elle, a fait une tentative de suicide et a dû être ensuite soignée par antidépresseurs. Elle se décrit comme très sensible au rejet et dit avoir été eu le sentiment qu'elle ne valait « décidément rien ». « Je savais que ce garçon était volage, explique-t-elle, il m'avait prévenue… J'avais le même sentiment enfant, quand mon père buvait et nous hurlait dessus : de n'être rien et de n'avoir aucune valeur. »

Apprendre à se connaître soi-même

L'histoire très différente de ces trois personnes nous apprend une chose importante sur le psychisme : la vulnérabilité face à la dépression est individuelle. Elle ne dépend pas uniquement de la gravité des événements de la vie, mais elle dépend plutôt de notre fragilité à un moment donné et cette fragilité dépend de plusieurs facteurs, génétiques, biologiques, mais aussi de l'histoire personnelle ancienne autant que récente. Cette vulnérabilité détermine un seuil individuel, aussi variable entre les individus que peut l'être le seuil de tolérance à la douleur physique : c'est lorsque ce seuil est dépassé que la dépression risque de frapper. En outre, chez une même personne, ce seuil peut varier considérablement au cours de l'existence et l'on peut devenir plus fragile ou plus résilient à certaines périodes de la vie, notamment après un changement de vie. Il faut donc apprendre à mieux connaître ses propres limites psychiques et à savoir se protéger soi-même : quoi de plus passionnant et de plus complexe que tenter de se connaître soi-même ? Les Anciens n'inscrivaient-ils pas déjà cette recommandation au frontispice du Temple ? Les temps changent, les données de la science avancent, mais avouons modestement que les grandes sagesses sont intemporelles : Platon, Sénèque et Marc Aurèle ne nous contrediraient sans doute pas sur ce point !

Lorsque Chantal a vécu un revers sentimental, elle a involontairement réactivé les traces de traumatismes affectifs anciens, inscrits dans sa mémoire depuis l'enfance. C'est l'une des raisons pour lesquelles cet événement douloureux a un impact si destructeur sur elle. Son intolérance au rejet et à la solitude, sa mauvaise estime d'elle-même ont sans doute contribué à l'instauration d'un climat émotionnel fragilisant.

Quant au père de Jérémie, le choc lié à la terrible nouvelle du cancer de son fils s'ajoutait à d'autres difficultés récentes : décès de son père l'année précédente, une mauvaise conjoncture professionnelle avec risque de licenciement et la découverte d'un diabète lors de son dernier bilan médical... Cette accumulation de blessures narcissiques paraît avoir excédé le seuil de résistance de cet homme, dont la nature anxieuse a probablement constitué un « terrain » favorisant.

Enfin, Miguel, qui a tant souffert, semble, avec le soutien et le réconfort de sa famille, être parvenu à se tenir à l'abri de la dépression : sa personnalité optimiste et confiante et le travail psychothérapique productif dans lequel il s'est engagé l'ont sans nul doute aidé à éviter le piège de la culpabilité, du remords et de la désespérance.

La dépression, cette maladie multiforme et multifactorielle, relève donc de l'histoire génétique et biologique qui se mêle en permanence à l'environnement affectif et social. Cette vulnérabilité individuelle, plastique et multidéterminée, est dynamique au cours du temps : des changements élèvent le seuil, d'autres l'abaissent et protègent.

À chacun sa trajectoire

C'est donc à la compréhension d'une trajectoire individuelle de vulnérabilité, depuis la naissance jusqu'à l'âge adulte, qu'une conceptualisation moderne et holistique de la dépression doit s'attacher.

La goutte d'eau qui fait déborder le vase

L'analyse de la trajectoire de vie individuelle permet de comprendre comment une rupture sentimentale ou un revers professionnel joue le rôle de détonateur : cette adversité ne fait que précipiter le passage d'un état de vulnérabilité vers un état de maladie.

C'est le principe de la goutte d'eau qui fait déborder le vase, à condition qu'il soit déjà bien rempli : ainsi, chez une personne qui présente déjà un niveau de vulnérabilité élevée (par exemple à cause d'exigences professionnelles excessives, de difficultés familiales, d'une anxiété pathologique, d'un alcoolisme ou encore d'une hérédité ou d'une enfance difficile), le seuil est dépassé lorsqu'un nouvel événement de vie survient (parfois anodin en apparence, comme un conflit mineur, voire une contrariété ou une critique).

La compréhension des déterminants individuels d'une trajectoire de vulnérabilité est cruciale, car elle permet d'avoir une approche plus globale de la maladie dépressive.

Dans la situation de Chantal, la danseuse de ballet dont nous venons de rapporter l'histoire, cette investigation des blessures du passé et de leur impact sur le mode de fonctionnement psychique a permis d'identifier de « redoutables suspects » : une estime de soi particulièrement basse, qui se manifeste par un sentiment de rejet permanent ; une anxiété sociale et un trac pathologique qui la tiennent à l'écart des autres ; une consommation d'alcool excessive qui exacerbe sa fragilité ; de lourds antécédents de dépression du côté maternel…

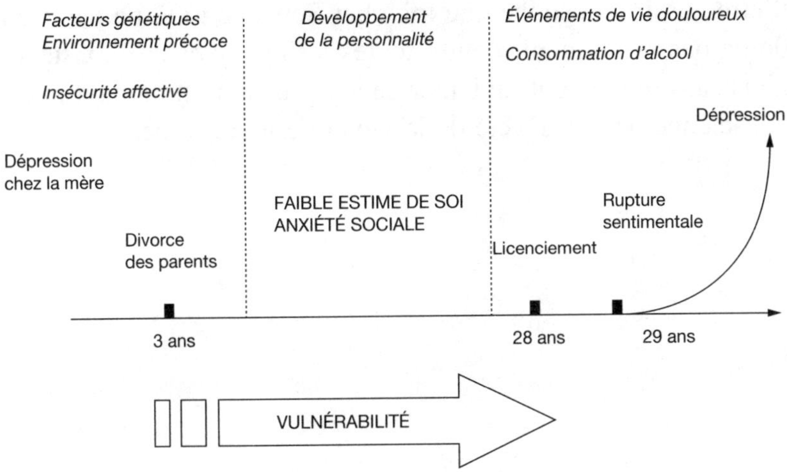

Trajectoire de vie : l'histoire de la dépression de Chantal.

Si nous avons tenté dans ce livre d'illustrer au mieux le vaste mouvement de convergence des savoirs sur le cerveau (en présentant certaines des découvertes les plus récentes et les plus importantes sur les mécanismes biologiques et psychologiques de la dépression et sur les traitements de cette maladie), c'est afin de rendre aussi accessible que possible les nouvelles avancées, leurs espoirs ainsi que leurs limites… Nous espérons que cela pourra contribuer à mieux faire comprendre que la dépression est une maladie (une vraie !), qui se soigne et qui se guérit.

Enfin, bien que cela puisse paraître paradoxal, nous voudrions dire que l'expérience de la dépression peut parfois aider à mieux vivre. En effet, nous constatons que certains de nos patients décident de reconsidérer profondément leurs choix de vie après la guérison d'une dépression : ils aménagent leur charge de travail, se recentrent sur ce qu'ils ressentent comme vraiment essentiel pour eux ou décident simplement de consacrer plus de temps à leur vie privée. « Pour qui s'y est préparé et s'y attend le malheur n'a rien de déconcertant » : difficile d'être aussi philosophe que toi, cher Sénèque ! On ne peut sans doute pas se prémunir contre toutes les épreuves de l'existence, mais sans doute peut-on tenter de s'y préparer en prenant mieux conscience de la brièveté de la vie et de toute sa beauté.

Épilogue

Cher Docteur,

J'ai décidé d'arrêter de venir vous voir. Je vais vous dire un mot de ce qui se passe dans ma vie.

Lorsque nous nous sommes rencontrés pour la première fois, il y a maintenant trois ans, j'ai été vraiment surprise par ce que vous avez dit. Vous m'avez parlé de maladie, alors que j'étais persuadée d'être happée par le tourbillon du malheur.

Vous souvenez-vous que mon mari m'accompagnait ? J'ai eu terriblement honte qu'il sache que j'avais loué une chambre d'hôtel pour en finir. J'avais justement tout fait pour dissimuler mon projet de suicide. Je ressentais déjà tellement de culpabilité vis-à-vis de lui et des enfants. Je crois que si j'ai réussi à m'en sortir ensuite grâce au traitement, c'est parce qu'il a su me convaincre de vous rencontrer. Il est à coup sûr l'un des principaux artisans de ma guérison.

Aujourd'hui, je me demande comment j'ai pu tomber si bas... Vous savez, j'étais vraiment décidée à passer à l'acte. Heureusement que l'on m'a rattrapée au bord du gouffre.

Entendre le mot maladie, mettre celui de « dépression » sur ce qui m'arrivait a été un vrai choc. Je ne vous ai presque rien dit lors de cette rencontre. Pourtant vous sembliez presque deviner mes symptômes un à un : vos questions sondaient les recoins les plus obscurs de ce que je ressentais. Tout était tellement confus dans mon esprit : j'ai réussi à me raccrocher à cette idée d'une maladie dont on peut guérir.

Au début, pour tout vous dire, je ne vous ai pas totalement cru. Je ne pensais vraiment pas que je pourrais sortir de l'impasse dans laquelle sombrait ma vie depuis des mois. J'avais l'impression que c'était pour me rassurer que vous teniez ce discours. Quand on ne voit plus que la mort comme issue, il est difficile de se raccrocher à une aide extérieure…

J'ai accepté de jouer le jeu. Trois semaines d'hospitalisation, c'est terriblement long quand on y est. C'est terriblement court quand j'y repense aujourd'hui. Vous aviez dit quelque chose comme : « Qu'est-ce que trois semaines alors que cela fait des mois que vous souffrez ? » Cela m'avait ébranlée de laisser mon mari seul s'occuper des enfants. Bizarre, non, alors que je voulais me suicider et les laisser pour toujours ? Je vous en ai voulu à l'époque d'insister autant pour que je continue à me soigner.

Maintenant, je sens que je vais bien et que c'est solide : plus de médicaments depuis deux ans, pas de rechute, plus de fatigue, plus de symptômes…

En fait, je voulais surtout vous faire part d'une grande nouvelle : je suis enceinte ! Voilà. Ma vie a repris son cours normalement, tout simplement. Je pense que l'on peut donc maintenant arrêter de se voir : êtes-vous d'accord ?

Merci pour votre aide.

Bien sincèrement,
Sophie.

Nous avons choisi, en guise d'épilogue cette lettre : l'essentiel y est dit.

Notes et références bibliographiques

CHAPITRE PREMIER

La dépression est-elle une maladie ?

1. Le terme « déprime » fut introduit par Jacqueline Michel qui racontait dans son roman autobiographique tout son périple médical et psychiatrique et disait avoir finalement été guérie par « la pilule bleue », un antidépresseur. Voir *La Déprime*, Paris, Stock, 1972.

2. Bruckner P., *La Tyrannie de la pénitence, essai sur le masochisme occidental*, Paris, Grasset, 2006, p. 194.

3. Extrait du traité *De la nature de l'homme*, d'après les traductions d'É. Littré, in *Œuvres complètes*, 10 vol., 1839-1861, Paris, Baillère.

4. Dr Brundtland, directeur général de l'OMS, extraits de l'introduction au *Rapport général sur la santé mentale dans le monde*, 2001.

CHAPITRE 2

Les nuits noires de la dépression

1. Shakespeare, *Hamlet*, acte III, scène 1.

2. Naranjo C. A., Tremblay L. K. et Busto U. E., « The role of the brain reward system in depression », *Prog. Neuropsychopharmacol. Biol. Psychiatry,* 25 (4), 2001, p. 781-823.

3. Questionnaire adapté d'après l'échelle abrégée de Beck (BDI), traduite par P. Pichot.

CHAPITRE 3

Les mécanismes neurobiologiques de la maladie

1. Eriksson P. S., Perfilieva E., Bjork-Eriksson T., Alborn A. M., Nordborg C., Peterson D. A. et Gage F. H., « Neurogenesis in the adult human hippocampus », *Nat. Med*., 4 (11), 1998, p. 1313-1317.

2. Videbech P. et Ravnkilde B., « Hippocampal volume and depression : a meta-analysis of MRI studies », *Am. J. Psychiat*ry, 161, 2004, p. 1957-1966.

3. Drevets W. C., Price J. L., Simpson J. R. Jr, Todd R. D., Reich T., Vannier M. et Raichle M. E., « Subgenual prefrontal cortex abnormalities in mood disorders », *Nature*, 24, 386 (6627), 1997, p. 824-827.

4. Caspi A., Sugden K., Moffitt T. E., Taylor A., Craig I. W., Harrington H., McClay J., Mill J., Martin J., Braithwaite A. et Poulton R., « Influence of life stress on depression : moderation by a polymorphism in the 5-HTT gene », *Science,* 18, 301 (5631), 2003, p. 386-389.

CHAPITRE 4
Des blessures de l'enfance au développement de la personnalité

1. http://www.who.int/violence_injury_prevention.

2. Hussey J. M., Chang J. J. et Kotch J. B. « Child maltreatment in the United States : prevalence, risk factors, and adolescent health consequences », *Pediatrics,* 118 (3), 2006, p. 933-942.

3. Forward S., *Parents toxiques,* Paris, Marabout, 2007.

4. Irons C., Gilbert P., Baldwin M. W., Baccus J. R. et Palmer M., « Parental recall, attachment relating and self-attacking/self-reassurance : their relationship with depression », *Br. J. Clin. Psychol.*, 45 (Pt 3), 2006, p. 297-308.

5. Roza S. J., Hofstra M. B., Van der Ende J. et Verhulst F. C., « Stable prediction of mood and anxiety disorders based on behavioral and emotional problems in childhood : a 14-year follow-up during childhood, adolescence, and young adulthood », *Am. J. Psychiatry*, 160 (12), 2003, p. 2116-2121.

6. Gorman J. M., « Comorbid depression and anxiety spectrum disorders », *Depress Anxiety*, 4 (4), 1996-1997, p. 160-168.

CHAPITRE 5
Vulnérabilité et résilience

1. Kendler K. S., Thornton L. M. et Prescott C. A., « Gender differences in the rates of exposure to stressful life events and sensitivity to their depressogenic effects. », *Am. J. Psychiatry*, 158 (4), 2001, p. 587-593.

2. Hayatbakhsh M. R., Najman J. M., Jamrozik K., Mamun A. A., Alati R. et Bor W., « Cannabis and anxiety and depression in young adults : a large prospective study », *J. Am. Acad. Child. Adolesc. Psychiatry*, 46 (3), 2007, p. 408-417.

3. Freeman M. P., Hibbeln J. R., Wisner K. L., Davis J. M., Mischoulon D., Peet M., Keck P. E. Jr, Marangell L. B., Richardson A. J., Lake J. et Stoll A. L.,

« Omega-3 fatty acids : evidence basis for treatment and future research in psychiatry », *J. Clin. Psychiatry*, 67 (12), 2006, p. 1954-1967.

4. Williams A. L., Katz D., Ali A., Girard C., Goodman J. et Bell I., « Do essential fatty acids have a role in the treatment of depression ? », *J. Affect. Disord.*, 93 (1-3), 2006, p. 117-123.

5. C'est-à-dire en comparant l'effet de l'oméga-3 à celui d'un placebo, patients et médecins n'ayant pas connaissance de ce qu'il y a dans la gélule – ce que l'on appelle le « double aveugle » –, et la répartition dans les deux groupes se faisant au tirage au sort – la randomisation.

6. Kendler K. S., Liu X. Q., Gardner C. O., McCullough M. E., Larson D. et Prescott C. A., « Dimensions of religiosity and their relationship to lifetime psychiatric and substance use disorders », *Am. J. Psychiatry*, 160 (3), 2003, p. 496-503. Et aussi : Cotton S., Larkin E., Hoopes A., Cromer B. A. et Rosenthal S. L., « The impact of adolescent spirituality on depressive symptoms and health risk behaviours », *J. Adolesc. Health*, 36 (6), 2005, p. 529.

7. Comte-Sponville A., *L'Esprit de l'athéisme. Introduction à une spiritualité sans Dieu*, Paris, Albin Michel, 2006.

8. André A., *Imparfaits, libres et heureux. Pratiques de l'estime de soi*, Paris, Odile Jacob, 2006.

CHAPITRE 6
La dépression laisse des traces

1. Paykel E. S., Ramana R., Cooper Z., Hayhurst H., Kerr J. et Barocka A., « Residual symptoms after partial remission : an important outcome in depression », *Psychol. Med.*, 25 (6), 1995, p. 1171-1180.

2. Judd L. L., « The clinical course of unipolar major depressive disorders », *Arch. Gen. Psychiatry*, 54 (11), 1997, p. 989-991.

3. Consensus Development Panel, NIMH/NIH consensus development conference statement, « Mood disorders-pharmaocologic prevention of recurrence », *American Journal of Psychiatry*, 142, 1985, p. 469-476.

4. Keller M. B., Lavori P. W., Mueller T. I., Endicott J., Coryell W., Hirschfeld R. M. et Shea T., « Time to recovery, chronicity, and levels of psychopathology in major depression. A 5-year prospective follow-up of 431 subjects », *Arch. Gen. Psychiatry*, 49 (10), 1992, p. 809-816.

5. Rose E. J. et Ebmeier K. P., « Pattern of impaired working memory during major depression », *J. Affect. Disord.*, 90 (2-3), 2006, p. 149-161.

6. Paelecke-Habermann Y., Pohl J. et Leplow B., « Attention and executive functions in remitted major depression patients », *J. Affect. Disord.*, 89 (1-3), 2005, p. 125-135.

CHAPITRE 7

Des conséquences destructrices

1. Camus A., *Le Mythe de Sisyphe.*

2. Keller M. B., Lavori P. W., Mueller T. I., Endicott J., Coryell W., Hirschfeld R. M. et Shea T., « Time to recovery, chronicity, and levels of psychopathology in major depression. A 5-year prospective follow-up of 431 subjects », art. cit.

CHAPITRE 8

Dépression et manie : la maladie bipolaire

1. Deniker P. et Olié J.-P., *Fou, moi ?,* Paris, Odile Jacob, 1998.

2. Kraepelin E., *La Folie maniaque-dépressive* (1913), traduction française, Jérôme Million, 1993.

CHAPITRE 9

La dépression aux différentes étapes de la vie

1. Plus rarement, le début est différé et survient entre le 9e et le 15e mois après l'accouchement.

2. Échelle de dépistage adaptée d'après la « Child Depression Inventory », Kovacs et Beck, 1977.

3. Kovacs M., Feinberg T. L., Crouse-Novak M., Paulauskas S. L., Pollock M. et Finkelstein R., « Depressive disorders in childhood. II. A longitudinal study of the risk for a subsequent major depression », *Arch. Gen. Psychiat*ry, 41 (7), 1984, 643-649.

4. Valleur M. et Matysiack J.-C., *Les Addictio*ns, Paris, Armand Colin, 2006.

5. Échelle de dépression gériatrique de Yesavage (forme abrégée en 15 items), d'après Sheikh J. L. et Yesavage J. A., « Geriatric depression scale (gds) : Recent evidence and development of a shorter version », in *Clinical Gerontology : A Guide to Assessment and Interventi*on, New York, Haworth Press, 1986, p. 165-173.

6. Devanand D. P., Sano M., Tang M. X., Taylor S., Gurland B. J., Wilder D., Stern Y. et Mayeux R., « Depressed mood and the incidence of Alzheimer's disease in the elderly living in the community », *Arch. Gen. Psychiat*ry, 53 (2), 1996, p. 175-182.

7. Wilson R. S., Barnes L. L., Mendes de Leon C. F., Aggarwal N. T., Schneider J. S., Bach J., Pilat J., Beckett L. A., Arnold S. E., Evans D. A. et Bennett D. A., « Depressive symptoms, cognitive decline, and risk of AD in older persons », *Neurol*ogy, 13, 59 (3), 2002, p. 364-370.

8. Ganguli M., Du Y., Dodge H. H., Ratcliff G. G. et Chang C. C., « Depressive symptoms and cognitive decline in late life : a prospective epidemiological study », *Arch. Gen. Psychiatry*, 63 (2), 2006, p. 153-160.

CHAPITRE 10
Les psychothérapies de la dépression

1. Adresse Internet où ce rapport est disponible : http://ist.inserm.fr/basisrapports/psycho.html.

2. Paykel E. S., Ramana R., Cooper Z., Hayhurst H., Kerr J. et Barocka A., « Residual symptoms after partial remission : an important outcome in depression », *Psychol. Med.*, 25 (6), 1995, p. 1171-1180.

3. Wells K. B., Sturm R., Sherbourne C. D. et Meredith L. S., *Caring for Depression*, Boston, Harvard University Press, 1996.

4. Broadhead W. E., Blazer D. G., George L. K. et Tse C. K., « Depression, disability days, and days lost from work in a prospective epidemiologic survey », *JAMA*, 21, 264 (19), 1990, p. 2524-2528.

5. Fava G. A., Rafanelli C., Grandi S., Conti S. et Belluardo P., « Prevention of recurrent depression with cognitive behavioral therapy : preliminary findings », *Arch. Gen. Psychiatry*, 55 (9), 1998, 816-820.

6. Fava G. A., Ruini C., Rafanelli C., Finos L., Conti S. et Grandi S., « Six-year outcome of cognitive behavior therapy for prevention of recurrent depression », *Am. J. Psychiatry*, 161 (10), 2004, p. 1872-1876.

7. Paykel E. S., Scott J., Teasdale J. D., Johnson A. L., Garland A., Moore R., Jenaway A., Cornwall P. L., Hayhurst H., Abbott R. et Pope M., « Prevention of relapse in residual depression by cognitive therapy : a controlled trial », *Arch. Gen. Psychiatry*, 56 (9), 1999, p. 829-835.

8. Segal Z. V., Gemar M. et Williams S., « Differential cognitive response to a mood challenge following successful cognitive therapy or pharmacotherapy for unipolar depression », *J. Abnorm. Psychol.*, 108 (1), 1999, p. 3-10.

9. Teasdale Segal W., *La Thérapie cognitive basée sur la pleine conscience pour la dépression*, Bruxelles, De Boeck, 2006.

CHAPITRE 11
Les traitements biologiques

1. Rapport Briot sur le bon usage des médicaments psychotropes (22 juin 2006), fondé sur l'étude complète et rigoureuse réalisée par l'Inserm (Pr Verdoux et Pr Bégaux), http://www.assemblee-nationale.fr/12/rap-off/i3187.asp

2. D'après les chiffres de la NCS (National Comorbidity Survey), menée en population générale américaine auprès de 8 000 personnes.

3. Rapport Briot sur le bon usage des médicaments psychotropes (22 juin 2006), fondé sur l'étude complète et rigoureuse réalisée par l'Inserm (Pr Verdoux et Pr Bégaux), http://www.assemblee-nationale.fr/12/rap-off/i3187.asp

4. Appleton K. M., Hayward R. C., Gunnell D., Peters T. J., Rogers P. J., Kessler D. et Ness A. R., « Effects of n-3 long-chain polyunsaturated fatty acids on depressed mood : systematic review of published trials », *Am. J. Clin. Nutr.*, 84 (6), 2006, p. 1308-1316. Et aussi : Freeman M. P., Hibbeln J. R., Wisner K. L., Davis J. M., Mischoulon D., Peet M., Keck P. E. Jr, Marangell L. B., Richardson A. J., Lake J. et Stoll A. L., « Omega-3 fatty acids : evidence basis for treatment and future research in psychiatry », *J. Clin. Psychiatry*, 67 (12), 2006, p. 1954-1967.

5. Linde K., Mulrow C. D., Berner M. et Egger M., « St John's wort for depression », *Cochrane Database Syst. Rev.*, 18 (2), 2005, CD000448.

6. Thachil A. F., Mohan R. et Bhugra D., « The evidence base of complementary and alternative therapies in depression », *J. Affect. Disor*d., 97 (1-3), 2007, p. 23-35.

7. Liang W., Binns C. W., Jian L. et Lee A. H., « Does the consumption of green tea reduce the risk of lung cancer among smokers ? », *Evid. Based Complement Alternat. Med.*, 4 (1), 2007, p. 17-22.

8. Maj M., Veltro F., Pirozzi R., Lobrace S. et Magliano L., « Pattern of recurrence of illness after recovery from an episode of major depression : a prospective study », *Am. J. Psychiat*ry, 149 (6), 1992, p. 795-800.

9. Melartin T. K., Rytsala H. J., Leskela U. S., Lestela-Mielonen P. S., Sokero T. P. et Isometsa E.T., « Severity and comorbidity predict episode duration and recurrence of DSM-IV major depressive disorder », *J. Clin. Psychiatry*, 65 (6), 2004, p. 810-819.

10. Eranti S., Mogg A., Pluck G., Landau S., Purvis R., Brown R. G., Howard R., Knapp M., Philpot M., Rabe-Hesketh S., Romeo R., Rothwell J., Edwards D. et McLoughlin D. M., « A randomized, controlled trial with 6-month follow-up of repetitive transcranial magnetic stimulation and electroconvulsive therapy for severe depression », *Am. J. Psychiat*ry, 164 (1), 2007, p. 73-81.

11. Mayberg H. S., Brannan S. K., Tekell J. L., Silva J. A., Mahurin R. K., McGinnis S. et Jerabek P. A., « Regional metabolic effects of fluoxetine in major depression : serial changes and relationship to clinical response », *Biol. Psychiat*ry, 15, 48 (8), 2000, p. 830-843.

12. Kennedy S. H., Konarski J. Z., Segal Z. V., Lau M. A., Bieling P. J., McIntyre R. S. et Mayberg H. S., « Differences in brain glucose metabolism between responders to CBT and venlafaxine in a 16-week randomized controlled trial », *Am. J. Psychiat*ry, 164 (5), 2007, p. 778-788.

Remerciements

Nous tenons à remercier tout particulièrement Christophe André, Thierry Gallarda, Céline Goldberger et Philippe Jeammet pour leurs précieux conseils.

Odile Jacob et Marie-Lorraine Colas nous ont fait bénéficier de leur aide, de leur expérience et de leur constant soutien : qu'elles trouvent ici l'expression de notre profonde reconnaissance.

Table

INTRODUCTION

Chapitre 2

LES NUITS NOIRES DE LA DÉPRESSION

Chapitre 3

LES MÉCANISMES NEUROBIOLOGIQUES DE LA MALADIE

Chapitre 4
DES BLESSURES DE L'ENFANCE AU DÉVELOPPEMENT DE LA PERSONNALITÉ

Chapitre 5
VULNÉRABILITÉ ET RÉSILIENCE

Chapitre 6
LA DÉPRESSION LAISSE DES TRACES

Chapitre 7
DES CONSÉQUENCES DESTRUCTRICES

Chapitre 8
DÉPRESSION ET MANIE :
LA MALADIE BIPOLAIRE

Chapitre 9

La dépression aux différentes étapes de la vie

Chapitre 10

Les psychothérapies de la dépression

Chapitre 11
Les traitements biologiques

Conclusion

Ouvrage proposé
par Christophe André

Avec la participation éditoriale
de Caroline Chaine

CET OUVRAGE A ÉTÉ COMPOSÉ
ET MIS EN PAGES CHEZ NORD COMPO (VILLENEUVE-D'ASCQ)
ET ACHEVÉ D'IMPRIMER
PAR L'IMPRIMERIE FLOCH À MAYENNE
EN NOVEMBRE 2007

N° d'impression : 69751.
N° d'édition : 7381-1996-2
Dépôt légal : août 2007.
Imprimé en France